阅读点亮人生

杨世忠 孟生光

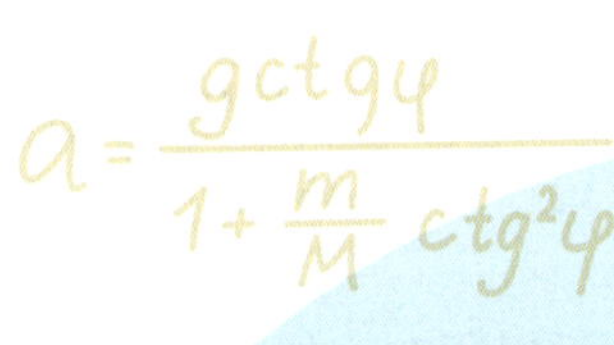

图书在版编目（CIP）数据

阅读点亮人生 / 杨世忠，孟生光编著 . -- 北京：中国文联出版社，2024. 8. -- ISBN 978-7-5190-5597-4

Ⅰ . G792

中国国家版本馆 CIP 数据核字第 2024FP4167 号

编　　著 杨世忠 孟生光
责任编辑 周　欣
责任校对 秀点校对
装帧设计 研杰星空

出版发行 中国文联出版社有限公司
社　　址 北京市朝阳区农展馆南里10号　　邮编 100125
电　　话 010-85923025（发行部）　　010-85923091（总编室）
经　　销 全国新华书店等
印　　刷 保定虹光印刷有限公司

开　　本 710毫米×1000毫米　1/16
印　　张 7.75
字　　数 65千字
版　　次 2024年8月第1版第1次印刷
定　　价 36.00元

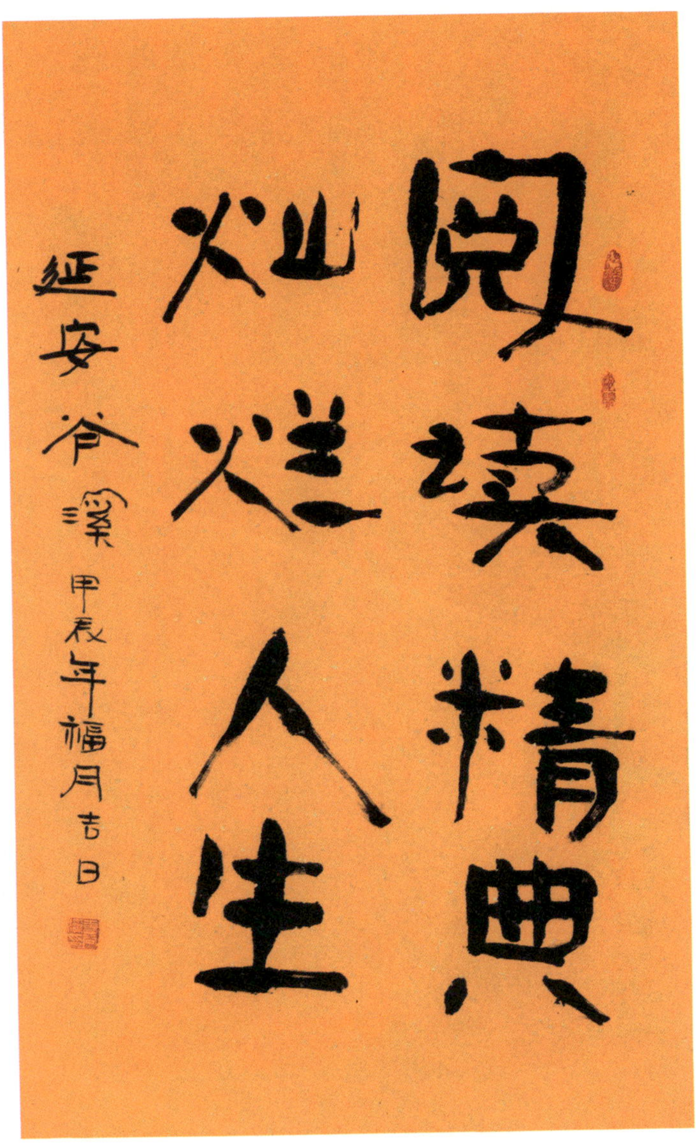

谷溪：

中国作家协会会员，陕西省作家协会主席团顾问，《延安文学》原主编（编审）

序

阅读，这一看似平凡的行为，实则蕴含着无穷的力量。它如同一把钥匙，能够开启我们心灵的宝库，让我们在知识的海洋中遨游，领略世界的广阔与深邃。

当今时代，知识更新迅速，社会变革日新月异。青少年作为国家的未来和希望，肩负着推动社会进步的重任。而阅读，正是他们获取知识、提升自我、丰富内心的关键方式。通过阅读，他们可以了解世界的多彩多姿，理解人生的复杂多变，培养独立思考和解决问题的能力。

这本书，正是为青少年量身打造的一本阅读指南。它从字词句的基础入手，逐步引导读者深入段篇章的理解，再到名著经典的赏析，层层递进，鞭辟入里。它不仅仅是一本教授阅读技巧的书，更是一本引导青少年思考、感悟、内化的心灵之书。

书中提到了几个关于阅读的重要观点。首先，阅读不仅是获取信息的行为，更是一种深入思考、感悟生活的过程。通过阅读，我们可以与作者进行心灵对话，理解他们的思想观点，从中汲取智慧与启示。其次，阅读是一种生活态度，是对知识的渴求，对个人成长的不懈追求。它让我们保持对世界的好奇心，不断探索未知领域，实现自我超越。最后，优秀的读者应主动提出问题、寻找答案，与作者进行思想交流。这种积极主动的阅读态度，有助于培养青少年的批判性思维和创新精神。

此外，这本书还深入探讨了阅读与个人成长的关系。通过阅读，我们可以获得丰富的知识和技能，培养同理心，反思自我，寻找生命的意义。书中丰富的案例和故事，展示了阅读如何改变个人命运，激发潜能，让我们深刻感受到了阅读的力量。

在这个充满变革和挑战的时代，阅读是我们不可或缺的精神食粮。它让我们在忙碌的生活中找到片刻的宁静，让我们在困惑和迷茫中找到前进的方向。因此，我呼吁所有的青少年朋友们，无论身处何地，都要珍惜阅读的机会，用心去感受书中的智慧和美好。

我相信，这本书将成为推动青少年阅读的重要力量，为他们的成长之路点亮一盏明灯。阅读为文化加冕，让我们共同见证阅读的力量，让知识的光芒照亮每一个青少年的未来。

愿这本书成为你们成长路上的良师益友，陪伴你们度过每一个美好的阅读时光。

谨以此序，献给所有热爱阅读的青少年朋友们。

全民阅读形象大使

中央广播电视总台《读书》栏目制片人、主持人

2024 年 5 月 16 日

contents | 目录

1 成语故事话阅读

中华文化博大精深，源远流长。汉语成语作为一种特殊的语言现象，承载了极其丰富的文化信息，可以说是中华文化的一个窗口。它数量众多，包罗万象，除了占绝大部分的四字成语以外，还有短如替罪羊、口头禅等三字成语，以及多如鸡犬之声相闻、老死不相往来等十字以上的成语。成语有很大一部分是从古代相承沿用下来的，它代表了一个故事或者典故。下面，我们就从成语入手，讲述几个关于阅读的故事。

博览群书

王充，字仲任，会稽上虞（今属浙江省绍兴市）人，生于东汉建武三年（27）。他的祖先本是魏郡元城人（今河北省邯郸市大名县），在某一时期因参军有功，曾被封于会稽阳亭，但为期不久，就取消了封赏，因而住在会稽，依靠耕田种桑过活。后来，王充的祖父王汎率领全家迁居钱唐县，专以买卖为业。王汎生二子，大的名叫王蒙，小的名叫王诵（王充的父亲）。王蒙与王诵在当时依仗自己的勇武，专做打抱不平之事，与当地土豪丁伯等结成深仇，因之把全家迁到上虞地方去居住。

王充从小就喜欢读书，后来到了京城在太学求学，拜当时有名的学者班彪为师。王充喜欢广泛地阅读各类书籍，并对书上得来的知识增添自己独到的见解，绝不会拘泥于书中所讲，所以他进步很快。但王充家里很穷，没有钱去买书，为了读到各种书籍，王充就常常到洛阳的书市去，翻看别人摆在书架上卖的书。日子久了，店主们都认识了这个爱读书的少年，就很大方地让他随便看。王充也不白看人家的书，总是早早地来到店里，帮店主们做一些杂活，然后再开始读书。一家店的书读完了，他就到下一家店里去读，常常读得忘记了时间，忘记了吃饭。王充的理解能力和记忆力都很强，很多书他读完一遍就可以记下来，有的精彩片段他甚至可以一字不漏地背诵下来。就这样，王充阅读了很多书籍，知识非常渊博。

王充看不惯朝廷官员的腐败作风，一生都不做官。他学成后回到家乡一边教书，一边闭门写作，最后花了三十多年的时间，完成了一部思想巨著《论衡》，为后世留下了宝贵的财富。

南朝宋·范晔《后汉书·王充传》："充少孤，乡里称孝。后到京师，受业太学，师事扶风班彪。好博览而不守章句。家贫无书，常游洛阳市肆，阅所卖书，一见辄能诵忆，遂博通众流百家之言。后归乡里，屏居教授。"后世据此典故引申出成语"博览群书"。

"宝剑锋从磨砺出，梅花香自苦寒来。"古今中外，凡成大事者，无一例外都付出了艰辛的劳动。王充阅读了大量的书籍，为他后来完成巨著打下了坚实的基础。而王充的成才充分地说明学习要靠勤奋努力，同时也需要广泛阅读各种书籍，只有博览群书才能获得各方面的知识。

开卷有益

宋太祖爱读书，在位时曾要求文武百官大量读书，明白治理国家的道理。宋太宗继位后，也十分重视书的作用，平时读书到了手不释卷的地步。宋初国家史馆藏书万余卷，后来宋太宗又下诏把各地藏书集中到京师，当时百姓献书皆有赏，很快国家藏书就达到了八万卷。这些书集中在史馆、昭文馆和集贤院中，时称"三馆"。三馆早在梁代就已经建立，但房屋都很简陋。宋太宗继位后，亲自到三馆观看藏书，感叹说：“三馆如此简陋，又怎么能接待天下贤士呢！”于是下令另修新馆，赐名“崇文院”。

宋太宗还曾命人编写过一部规模宏大的分类百科全书。当时李昉等人花了七年时间，摘录上千种古籍，终于编成了共一千卷的《太平总类》。成书以后，宋太宗非常高兴，他对大臣说：“从今天起，我要每天读三卷《太平总类》，争取一年之内把这部书读完。”大臣担心皇帝每天要处理那么多国家大事，再耗费时间去读这部巨著会操劳过度，就劝他说：“陛下好学不倦，以读书为乐事，这自然是好事。但每天读三卷书也未免太伤神了，陛下要注意身体呀！”可是宋太宗却摇摇头回答：“我喜欢读书，从书里能得到很多乐趣，开卷有益嘛！这本书虽然厚，也不过一千卷，每天读三卷，只要一年就读完了，我并不觉得十分劳神。”此后，宋太宗果然每天阅读《太平总类》三卷，从不间断。

即使宋太宗哪天因国事繁忙而耽搁了，之后有空时也一定会补上。年后，宋太宗按时读完了《太平总类》，便因此将这本书改名为《太平御览》。在这本书中，宋太宗了解了大量史实，经常和群臣讨论历史上的帝王得失，处理国家大事也更加得心应手。当时的大臣们见皇帝如此勤奋读书，也纷纷效仿，一时读书之风十分盛行。如今，《太平御览》已成为传统文化的宝贵遗产，它保存了大量宋朝以前的文献资料，因此显得弥足珍贵。而“开卷有益”这个成语也随着这本书流传下来，成为勉励人们勤奋读书的最好注解。

晋·陶潜《与子俨等疏》：“开卷有得，便欣然忘食。”北宋·王辟之《渑水燕谈录·文儒》：“太宗日阅《御览》三卷，因事有阙，暇日追补之，尝曰：‘开卷有益，朕不以为劳也。’”综上文献所述，后世引申出成语“开卷有益”。

书籍是人类进步的阶梯，读书是快速获取经验的途径，打开书本，就会有所收益。每本书都是一座知识的宝库，不同的书籍让我们接触不同的知识体系，了解不同的思想观点，这种知识的积累，开阔了我们的视野。

手不释卷

三国时期，东吴有一员大将名叫吕蒙，字子明。他年轻时，因家里贫困，无法读书。从军后，虽然骁勇善战，立下了不少战功，却苦于缺少文化，不能把战例经验总结写下来。有一天，吴主孙权对吕蒙说：“你如今掌管军事大权，应当多读一些史书、兵书，不断增长自己的学识以担当重任。”吕蒙一听主公要他学习，便为难地推托说：“军队里的事情又多又复杂，都要我亲自过问，恐怕挤不出时间来读书啊。”孙权说：“你的事情总没有我多吧，我并不是要你去研究学问，做一个读书人，只是要你翻阅一些古书，从中得到一些启发罢了。我在掌权前后都读了不少的书，感觉从中得到的帮助实在是太大了。你本来就是个聪明人，更应该多读点书。”吕蒙问：“可不知道应该去读哪些书？”

孙权听了，微笑着说：“你可以先读些《孙子》《六韬》等兵书，再读些《左传》《史记》等史书，这些书对于以后带兵打仗很有好处。”停了停，孙权又说，“时间嘛，要自己去挤出来。从前汉光武帝在行军作战的紧张关头，手里还总是拿着一本书不肯放下来。为什么你就没有时间呢？”

吕蒙听了孙权的话，回去便开始读书学习，并坚持不懈。最后做了吴国的主将，有勇有谋，屡建奇功。随着读的书越来越多，他的见解也越来越精辟，一些见解就连当时学识渊博的人也自叹不如。

晋·陈寿《三国志·吴书·吕蒙传》注引《江表传》：“初，权谓蒙及蒋钦曰：‘卿今并当涂掌事，宜学问以自开益。’蒙曰：‘在军中，常苦多务，恐不容复读书。’权曰：‘孤岂欲卿治经为博士邪？但当令涉猎见往事耳。卿言多务，孰若孤？孤少时，历《诗》《书》《礼记》《左传》《国语》，惟不读《易》。至统事以来，省三史，诸家兵书，自以为大有所益。……’蒙始就学，笃志不倦。”后人据此典故引申出成语“手不释卷”。

一个人的成才，环境、机遇、天赋等因素固然重要，但更重要的还是坚持不懈地努力学习。勤奋好学的人，哪怕外在因素对他再不利，他仍能凭借不懈的努力最终获得成功。

阅读可以使人变聪明。无论是“博览群书”“开卷有益”“手不释卷”的典故，还是西方先哲的“理想的书籍是智慧的钥匙”，都反映了书籍作为知识载体的巨大作用，表明了阅读的重要性。而在如今这个知识爆炸、社会飞速发展的时代，阅读书籍仍是获取知识的重要途径之一。

读书是一种境界，只要你钻进去，就会发现有无穷的乐趣和价值。因此，我们要抱着一种心态去读书，什么心态呢？将阅读作为一种生活方式，就像有些人每天早晨起来就要喝一壶茶一样。这样，阅读便会成为一种习惯，从而成为一种乐趣，最后成为一种智慧。

2 阅读要打基础

随着年龄的增长，我们就会懂得阅读的重要性。阅读是伴随人类一生的重要能力，所以在阅读之前，我们要做好充分的准备，学好汉字、理解词语，将通往知识神殿大路上的一切障碍都推开。下边我们一起了解一些关于汉字和书籍的知识吧！

（一）字的由来

1. 文字是什么

为什么会有文字呢？因为在遥远的古代，并没有现代这样简单方便的手机、电视等设备来传递信息，人们只能依靠口耳相传。然而大家都玩过口耳相传游戏，一句话从一个人的口中说出，等传到最后一个人耳中，再说出来的内容已经和原话大相径庭了。

因此，文字的产生就是为了克服语言传递的局限性。

2. 独特的汉字

经过长时间的发展，人类的文字种类成百上千，但是大致可分为两类：一类是表音文字，又叫字母文字，简单来说就是像英文、俄文、法文这样的用字母组成的线性符号，世界上绝大部分文字都属于这一类；另一类就是意音文字，字中既有表示读音的部分，也有表示意义的部分，汉字就属于这一类文字。

我们说的话叫汉语，写的字叫汉字，汉字是记录汉语的符号。汉字也被称作中文字、中国字、方块字等，历史悠久。3000多年前的商代甲骨文是迄今发现的最早的成系统的文字，汉字的起源时间应该比商代更早。

而汉字为什么独特呢？

理由一：一般而言，字母文字一个读音就对应一个文字，读音相同写下来的文字就是相同的。但汉字与读音不是一对一的关系，比如我们熟悉的“和”字，它就有hé、hè、hú、huó、huò等多个读音，而一个yú就能对应“鱼”“于”“俞”“余”等多个汉字。

理由二：中国地大物博，由于历史和地理的原因，汉语形成了许多分支，即我们经常提到的方言。由上至下可分为七大方言区，而七大方言区之中又可以分为非常多的方言区，这就导致有时候同属一个大方言区的两个人互相听不懂对方在说什么。而汉字的存在打破了这种僵局，汉语和汉字自古以来都是官方语言与文字，为生活在中华大地上的各民族所共同使用，不论是哪个方言区的人都可以用自己的读音去读一个汉字。这是世界上很多国家的文字不能比拟的。

理由三：一种语言的读音是会发生改变的，古代人说话和现代人说话是有差别的，前面提到的方言在一定程度上就是读音变化的真实写照。如果是表音文字，语音变了，文字的形态、单词拼写的方式也会有所变化，若是现在的普通英国人去读一本英文古籍，他很有可能看不懂多数内容。但汉字就不一样了，汉语的读音虽然在变化，但记录这个汉语的汉字却始终没有发生太大的变化，终归是一脉相承。因此，一个中国人去读一本古籍，是可以大致读懂的。

所以接下来，我们再看看汉字是怎么来的吧。

3. 汉字的由来

汉字的由来，也可以说是起源，众说纷纭。这些起源有的自有道理，可供参考，有的颇具神话色彩，扑朔迷离，而有的则是异想天开，博人一笑。

（1）结绳说

结绳，顾名思义就是在绳子上打结，结绳记事就是用结绳的方式辅助记录事件。结绳记事有着非常古老的历史。《易经·系辞》记载过上古时期的人们用结绳记事的方式处理日常事务，后来文字的出现替代了结绳记事。《周易正义》中记载过一段结绳记事的具体操作：上古时期没有文字，人们要订立盟约，就以结绳的方式来记录约定的内容，约定之事大则打一个大结，小则打一个小结，打结的多少，由约定事务的多寡而定，然后盟约双方各执所结之绳以为凭证。

而从上边的讲述中我们也能了解到，结绳只是一种辅助记忆的方式，它最基本的功能就是计数和备忘。

1949 年之前，我国云南的独龙族在亲朋约会时，会用两根绳子打上同样的结，约会双方各执一根，过一天就解开一个结，绳结解完，两人就会在约定之处相会。这就是用绳结计数的例子。

绳结备忘的功能比计数的功能要复杂且完善一些。绳结的大小、系结的方式，甚至绳子的颜色和粗细都能够体现绳结的备忘功能。如果一个部落打败了另一个部落，部落里的物资都归自己，里面有七头牛，二十只羊，三十只鸡，男俘虏十个，这些该怎么记载呢？

首先会用一根粗一点的红色绳子（红色代表喜庆）作横向绳子，下面分别系五根绳子，一根用草绳编织的绳子，绳子上段打七个结代表“七”，末端挂上一只牛角；一根用羊毛编织的绳子，绳子上段打两个结表示“二”，末端打上一个大大的结代表“十”；一根用鸡毛编织的绳子，绳子上段打三个结表示“三”，末端也同样打一个代表“十”的大结；一根用代表男性的短头发一起编织的粗一点的麻绳，绳子上段打一个结代表“一”，末端同样打上一个代表“十”的大结。

徐中舒先生在《结绳遗俗考》一文中谈道：“文字有取象于绳形者，或为屈曲之形，或为分股纠合之形，或为结绳之形。”徐中舒先生认为金文中的“十”“廿”“卅”等字就是结绳的象形字，如图 2-1、图 2-2 所示。

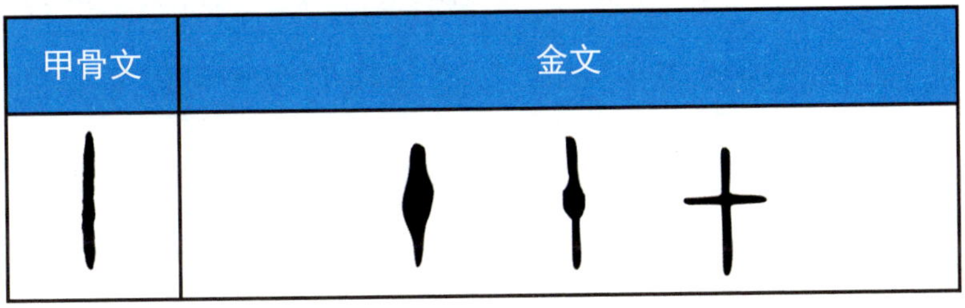

甲骨文	金文

图 2-1　金文的汉字“十”

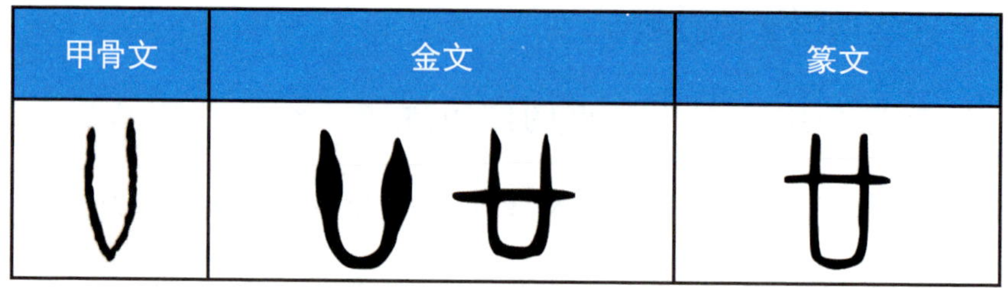

图 2–2　金文的汉字“廿”，表示二十

但也由于结绳是计数和备忘的工具，它其实并不能记录语言，所以除了徐中舒先生提到的个别可能与结绳有关的汉字以外，并没有其他证据能证明结绳是文字或汉字的起源。

（2）仓颉造字

仓颉造字是关于汉字起源流传最广、影响最大的传说。据记载，仓颉原名侯冈，名颉，俗称仓颉先师，又称史皇氏。传说仓颉“龙颜四目，生有睿德”：相貌不凡，长着四只眼睛，天生聪明伶俐、品格高尚。

关于仓颉造字的传说，早在 2000 多年前的战国时期就已经广为流传了。成书于战国时期的《荀子》记载：“故好书者众矣，而仓颉独传者，一也。”这是我们今天可以看到的关于仓颉造字的最早记载，这句话的大意是：“古代喜欢创造文字的人很多，而仓颉是唯一整理和传承文字的人。”

历史上还有这样一个近似于神话的传说，记载于东汉许慎的《说文解字·序》中。仓颉是黄帝的史官，黄帝统一华夏之后，感到用结绳的方法记事，远远满足不了要求，就命他的史官仓颉想办法造字。于是，仓颉就在当时的洧水河南岸的一个高台上造屋住下来，专心致志地造起字来。可是，他苦思冥想，想了很长时间也没造出字来。但说来凑巧，有一天，仓颉正在思索之时，只见天上一只凤凰朝他飞来。那凤凰嘴里叼着的一件东西掉了下来，正好掉在仓颉面前，仓颉拾起来，看到上面有一个蹄印，可仓颉辨认不出是什么野兽的蹄印，就问正巧走来的一个猎人。猎人看了看说："这是貔貅的蹄印，与别的兽类的蹄印不一样，别的野兽的蹄印，我一看也知道。"仓颉听了猎人的话很受启发。他想，万事万物都有自己的特征，如能抓住事物的特征，画出图像，大家都能认识，这不就是字吗？从此，仓颉便注意仔细观察各种事物的特征，譬如日、月、星、云、山、河、湖、海，以及各种飞禽走兽、应用器物，并按其特征，画出图形，造出许多象形字来。这样日积月累，时间长了，仓颉造的字也就多了。仓颉把他造的这些象形字献给黄帝，黄帝非常高兴，立即召集九州酋长，并让仓颉把造的这些字传授给他们，为了纪念仓颉造字之功，后人把河南新郑县城南仓颉造字的地方称作"凤凰衔书台"，宋朝时还在这里建了一座庙，取名“凤台寺”。

但在传说之外，也有文献记录了其他创造汉字的人，如《世本》中提到的“沮诵、仓颉造字”，这就证明汉字绝非某一个人创造出来的。汉字从起源到成熟应该经历了漫长的岁月，是先民们在生产生活中不断积累出来的。

（3）起一成文说

宋代郑樵认为所有的汉字都是由“一”字演变而来的。他根据《说文解字》的中的540个部首从“一”开始到“亥”结束，并结合“道生一，一生二，二生三，三生万物”的道家哲学思想，创立了起一成文说。在《通志·六书略》中，郑樵详细阐述了他的观点：

“横为一，纵为丨，斜丨为／，反／为＼，至＼而穷。”

“折一为┐，反┐为┌，转┌为└，反└为┘，至┘而穷。”

“折一为㇇者，侧也，有侧有正，正折为︿，转︿为﹀，侧﹀为＜，反＜为＞，至＞而穷。”

“一再折为︹，转︹为︺，侧︺为［，反［为］，至］而穷。”

“引一而绕合之，方则为□，圆则为○，至○则环转无异势，一之道尽矣。”

但郑樵的这种看法是建立在书法字形的基础上的，再加上道家学说的附加含义，已经偏离了汉字演变的基本规律。

4. 汉字的演变

上边的几个传说或文献都没能完全证明汉字的来源，但是我们还可以用一种方法去探索汉字，那就是考古。

我们在博物馆能看到的关于文字的考古记录，一般都是在骨头上和陶器上的刻符，抑或是文人雅士留下的书法作品。

（1）甲骨文

甲骨文因刻在兽骨或龟甲上而得名。甲骨文的内容除了极少数记事外，大部分是占卜的记录，因此甲骨文又称“卜辞”或“占卜文字”。

大家都知道十二生肖，不知道大家都属于哪个生肖呢？或者最喜欢哪个生肖呢？可以从下边十二生肖的甲骨文图片找找自己的生肖（图 2–3）。

图 2-3 十二生肖的甲骨文

（2）书法的演变

以甲骨文为起点，中国的书法艺术也逐渐开始发展。在中国历代人民的共同努力下，中国的书法形成了从甲骨文到金文，再到小篆、隶书、楷书、草书、行书的汉字七体。

从汉字七体的书法演变过程中（图 2-4），我们也能发现，汉字由最初刻在兽骨或龟甲上的象形字、会意字逐渐变成了现在我们熟知的样子。

印刷体	甲骨文	金文	小篆	隶书	楷书	草书	行书
虎							
象							
鹿							
鸟							

图 2–4 汉字七体

（二）词语赏析

1. 词语是什么

说完字，咱们来看一看词语。《现代汉语词典》上对“词”的释义是：“语言里最小的、可以自由运用的单位。”对“词语”的释义是：“词和词组；字眼。”因此，在汉语里，一个字也可以算作词语。

2. 有趣的词语

请大家阅读并理解下边的词语，看看你从中得到了什么启发？你也可以用自己的语言对词语进行解释。

真：正“直”，是它的立足“点”。

债：欠了别人的就要还，这是做“人”的“责”任。

骗：一旦被人看穿，“马”上就会被人看“扁”。

怒：“心”被“奴”，则易怒。

恕：“心”自“如”，则易恕。

优雅：追求完美的心气和接纳不完美的淡定。

民族：具有共同生活习性的人们共同体。

每一个词语都如同一座宝库，内涵丰富，蕴藏着无尽的知识和智慧。它们是文化的结晶，是历史的见证，是人类智慧的结晶，汇集了中华文化的核心价值观和哲学思想。不论是拆解一个字还是一个词语，都是一种思维训练，这种训练能够帮助我们更好地理解语言的丰富性和复杂性。

（三）书的由来

1. 书的发展

前面我们讲过，在那个连文字都没有完全统一的时代，人们是靠结绳、刻画来记录事情的。在那个时候，“书”这个字还只有书写、记述的意思（图 2–5）。

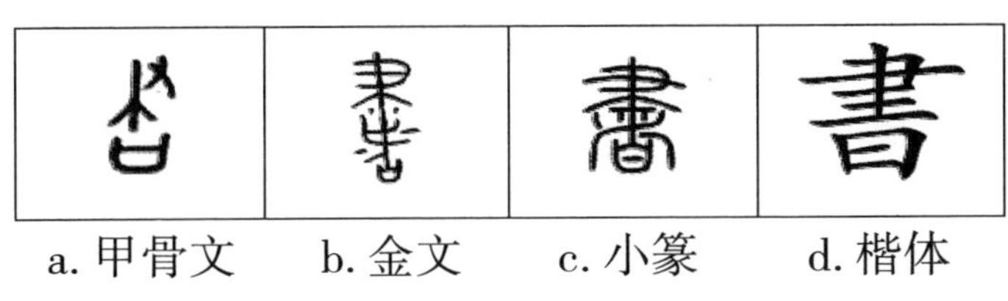

a. 甲骨文　b. 金文　c. 小篆　d. 楷体

图 2–5　书字的发展

而随着文字的发展，人们也不再受拘束，制作出了书。书也从此有了另一层含义：装订成册的著作。随着社会的发展，“书”这个字的含义也更加丰富，大家可以开动自己的脑筋，书还可以表达什么意思？

与我们现在看到的书不同，古时候还没有纸张，所以人们才会将文字刻在陶器、兽骨上边，以保证内容的完整性。因此，前边提到的结绳、甲骨文、金文其实也都属于书的发展的一部分。

（1）简牍阶段

殷商时期，人们开始将文字刻在竹简上，并且将这些编串在一起的多根竹简称为“策”或“册”，这就是简牍书籍。竹制的就是“简”，木质的就是“牍”。竹简因在制作过程中经过蒸煮与火烤，因此不易变形，也不易被虫蛀。

（2）帛书阶段

周朝时期，古人追求轻便，将昂贵的丝织品作为书写材料，并称之为帛书。但是这种方式成本比较高昂，所以只有贵族才能用之来记录重大的事件和祭祀。

但是，纸的出现打破了这种规则，制作简单、价格便宜的纸让更多的人可以看上书。

（3）书卷阶段

继东汉蔡伦改进造纸术后的三百多年间，造纸术一直在不断改进，直到东晋末年，纸张才彻底取代竹木简，成为当时书籍的主要材料。此时书本的样子依旧沿用了简牍阶段的样式，是一层层卷起来的，想要阅读文章末尾的文字，就需要展开整张纸卷，非常麻烦。

（4）装订成册

为了方便翻阅，人们又想到将书折叠起来，不再制成卷轴，而是像拉开活页一样打开书籍，也就是电视剧中常见的皇帝批阅的折子的样式。

然而一段时间后，人们发现，每页连接的地方由于常常开合拉扯，很快就撕裂了。但是这种撕裂并不影响阅读，反而使翻阅相对方便了，于是人们干脆就不在制作拉页，而是直接翻篇翻页。至此，我们现代意义上的翻页书本形态终于出现了。

（5）线装书籍

到了明朝中期，我国出现了铜活字印刷，书籍的装订方式也随之发生改变，出现了我们熟悉的线装。线装是我国传统书籍进化的最后形式，它既便于翻阅，又不易散破，散破了也便于重装。直到今天线装书仍然作为典雅的装订形式出现。

大家可以到图书馆或书店去翻一翻，哪本书是用线装订的，但是要记得不能破坏它哦。

在书的发展过程中，我们的先祖总是能够发现各种问题，从而改进。正是因为这样，中华民族的大地上才诞生了造纸术、指南针、火药、印刷术四大发明。四大发明对中国古代的政治、经济、文化的发展产生了巨大的推动作用，经各种途径传至西方后，也对世界文明发展史产生巨大的影响力。下面，让我们通过两个故事了解一下四大发明中的造纸术和印刷术吧。

2. 蔡伦造纸的故事

蔡伦出生于农家，十几岁的时候，被选进宫里做宦官。

蔡伦聪明伶俐，善于察言观色，进宫以后逐渐受到了太后和皇帝的重用，成为传达诏令、掌理文书的高级宦官，同时负责主管皇宫里的御用手工作坊。

那时候的文字大都写在竹简上，一条竹简最多只能写几十个字。将竹简用绳子编连起来，做成“简策”，一部厚重的简策甚至需要几个人才能抬动。

还有一种重要的书写材料缣帛，也叫“纸”，写在缣帛上的文书叫作“帛书”。缣帛质地轻薄，书写方便，可惜价格昂贵，普通人根本用不起。

蔡伦常常想：能不能造出一种既轻便又廉价的“纸”呢？

一天，蔡伦在皇宫里发现一些可以用来书写的丝质薄片，于是决定去寻找它们的来源。

蔡伦来到乡间，看到蚕妇用蚕茧漂制丝绵，留在篾席上的残絮晾干后成为许多小薄片。望着这些薄片，蔡伦好像想到了什么……

回到皇宫，蔡伦让人找来干草、树枝和棉布等材料，埋头做起了实验。

起初，蔡伦试了很多次，结果都不理想。但他做事一向尽心尽力，没有放弃，并发动手下的能工巧匠们一起想办法。

在工匠们的帮助下，蔡伦大胆创新，选用树皮、麻头、破布和渔网做原料，经过反复尝试，终于摸索出一套简便又实用的造纸方法。

首先，他们将原材料剪碎、切断，并去除杂质。

然后，他们将切碎的原料浸泡在草木灰水里。经过一段时间，其中的杂物腐烂，而不易腐烂的纤维保留了下来。工匠们捞起浸泡过的原料，生火将它们蒸软，放入石臼中，捶打成糊状，再把这些糊状的纤维放进水槽里搅拌，打成浆。

接着，他们用竹帘把絮状纤维抄起来，压出水分，贴在木板上。

最后，絮状纤维晒干后，就成了轻薄、柔韧又匀称的纸。

蔡伦和工匠们付出了无数辛劳和汗水，望着眼前的成果，不禁长长地舒了一口气。

之后，蔡伦挑选出一些规正挺括的纸进献给皇帝，皇帝赞不绝口，并下令在全国推广这一全新的造纸技术。蔡伦造纸术原料低廉、工艺简单，受到了人们的欢迎。

蔡伦造纸术也传播到了其他国家，各国的文化都因为有了这种轻便又实用的纸张而得以更好的记载、传承和发展。

3. 毕昇活字印刷术的故事

毕昇原本只是一位普普通通的印刷工人，而且在印刷作坊一干就是 20 年。他每天的工作不是刻版、排版，就是一页一页地印刷书稿。他吃苦耐劳，不怕脏、不怕累，但眼睁睁地看着自己辛辛苦苦刻出的版面用一次就丢弃，觉得太可惜了。他总是思考这么一个问题：怎样才能重复使用这些版面呢？要是那样效率该有多高啊！

可当毕昇与伙计们谈起这事时，别人总打趣他："毕兄，你就省点脑子吧。这雕版印刷是老祖宗传下来的，都印了几百年，从来也没有人改进它。师傅也没说要改进，你操哪门子心？"

毕昇不同意伙计们的看法。他认为，雕版印刷也是人发明的，既然是人发明的就应该能够改进。经过总结历代雕版印刷的丰富实践经验，结合自己试验的结果，他终于在宋仁宗庆历年间制成了胶泥活字，并且进行了排版印刷，完成了印刷史上一次重大革命。

他的活字印刷试制成功后，同作坊的伙计们都来问询。毕昇也不保守自己的技术，当众给他们演示。他一边演示，一边讲解，毫无保留地把自己的发明介绍给伙计们。看着毕昇发明的活字印刷技术使印刷效率比以前提高了几十倍，伙计们禁不住啧啧赞叹。一位小伙计说："《大藏经》有 5000 卷之多，需要雕刻 13 万块木版，放在一起整间屋子都装不下，这得花多少年的心血呀！如果用毕兄的办法，几个月就能完成。毕兄，你是怎么想出这么巧妙的办法的？”

毕昇的回答出人意料：“是我的两个儿子教我的！”大家一下子愣住了：“你儿子，那怎么可能呢？他们还是只会玩泥巴、‘过家家’的孩子呀！”毕昇认真地说：“你说的没错！就靠这玩泥巴、‘过家家’。”他接着说，“去年清明前，我带着妻儿回老家祭祖。有一天，俩儿子玩‘过家家’，用泥做成了锅、桌、碗、盆、瓢、椅等，随心所欲地摆弄。我见他们的这些家什做得挺好，忽然想到，如果用泥巴刻成单字泥块，然后将其烧干，再顺次排列在一起，不就可以排成文章了吗。你看，这不是儿子教我的？”

师兄弟们听了，哈哈大笑。“但是‘过家家’谁家孩子都玩过，大家都看过，为什么偏偏只有你发明了活字印刷呢？”一位小伙计问道。这时，师傅走过来说：“这是因为你们当中属毕昇最用心。他一直在琢磨提高印刷效率的新方法，冰冻三尺，非一日之寒！”师兄弟们茅塞顿开。

其实，毕昇发明活字印刷术并没有那么简单。他从儿子那里得到启发后，开始用泥捏成小的方块。这倒是很容易，但如何在上面刻字呢？最初，毕昇在刚捏好后刻字，可是泥太软，字刻上去深浅不一，笔画粗细不匀，根本不能用。于是，他先把捏好的泥块拿出去晒干，然后再刻字。这次，字倒是能刻得很工整、得体，但是不能刻得太深，否则泥块极容易碎掉。刚捏好时不能刻，晒干了又刻不深，到底怎么样才行呢？

毕昇蹲在那里苦苦思索。妻子走过来，见到他那副样子觉得好笑，说："你真是童心未泯呀，又玩起这些东西，整个人弄得灰头土脸的。"毕昇毫不在乎，他正在想如何才能克服刚才的问题。不经意间，他看见旁边儿子们已经捏好的小泥人衣服上的褶皱是那么流畅优美，就问："你们怎么把这些褶皱刻上去的，刻得这么深，泥人又不碎？"孩子们回答："这还不简单，等到小泥人半湿不干的时候刻，怎么刻都行。"

听了孩子们的话，毕昇眼前一亮。他赶紧照着去做，果然是那么回事。他兴冲冲地一连刻了几百个字块。可最后晒干的时候，却发现它们上边布满了小裂纹，这显然不能用于印刷。经过反复试验，毕昇发现，如果用黏性很好的胶泥刻字就能解决这个问题。于是，他在泥块半湿不干的时候刻好字，不再拿到太阳底下去晒，而是在背阴的地方晾干。然后，他再把这些字块拿到微火上去烤，待字块干透变硬，就可以用来排版印刷了。

活字印刷术的发明和使用，不仅大大推动了中国印刷业的发展，而且对于世界文明的发展也产生了巨大的影响。从13世纪开始，活字印刷术由中国传入朝鲜、日本等地，后来又经“丝绸之路”传入波斯和阿拉伯，再传入埃及和欧洲。在1450年左右，德国人古登堡受活字印刷的启发，发明了铅、锡、锑和铝的合金活字印刷。活字印刷术的传入，为欧洲的文艺复兴和近代科学的兴起提供了重要的物质条件。

（四）经典赏析

1. 许慎《说文解字》

《说文解字》，简称《说文》，是由东汉经学家、文字学家许慎编著的语文工具书著作，是中国乃至世界第一部字典，是中国最早的系统分析汉字字形和考究字源的语文辞书，被誉为“天下第一种书”。

《说文解字》作为中国最早的字典，为汉字建立了理论体系，开创了部首检字法的先河，对后世影响深远，是科学文字学和文献语言学的奠基之作，在中国语言学史上有重要的地位。

2. 林西莉《给孩子的汉字王国》

关于汉字的书很多，但基本上都是中国作者写的。《给孩子的汉字王国》出于瑞典汉学家林西莉之手，作为一个外国人，她对每一个汉字都充满了好奇，本书只讲述了200多个“基本汉字”，它们大多是中国人最早创造使用的汉字。

这本书以图文并茂的形式讲述中国文字的起源和特点，主要选取一些与人的生活有关的字，按章讲述，如人与人类，水与山，家畜，车、路和船，农耕，酒和器皿，麻与丝，竹与树，工具与武器，屋顶与房子，书籍与音乐等，同时分析和讲述中国人的生活方式和风俗习惯，加深读者对文字的理解。

3. 蒋勋《汉字书法之美》

中国的汉字书法究竟是一种怎样的美，竟然可以独步天下，无出其右？蒋勋老师在《汉字书法之美》一书里，给了我们明确的答案：象形之美、书写之美，以及生命之美。

几千年以前，文字在天地之间被创造出来，在动物骨骸、金属、石头、竹简、纸帛上被记录下来，在各个朝代以或沉重朴厚、或飞扬婉转、或森严宏大、或肆意狂放的书写线条，完成了每个时代美学最集中的表现。到了现代，汉字不曾消失、不肯遗忘，更将拥有悠长丰沛的活力。

3 阅读要谋结果

现代人的一生不可避免地要进行阅读，阅读也是终身学习最重要的一个手段。学生阶段，阅读的主要目的是寻求知识、开阔视野；工作之后，阅读的主要目的是获取更多的知识与技能。不过，更多情况下，人们选择阅读其实只是为了寻找片刻宁静。带着这些目标的你再次进入一本书的世界中，你会发现自己的精神更加集中、思维更加灵活、兴趣更加浓厚，如同航海者手握指南针，能够精准穿越知识的海洋，抵达智慧的彼岸。

（一）寻求知识与技能

书中自有黄金屋，许多的优秀文化之所以可以流传至今，是因为书籍把这些东西记录了下来。在人类历史的长河之中出现了很多流传甚广的书籍，这些书籍甚至是妇孺皆知。虽然先进的科学技术发展迅速，书中的内容被改编成各类作品供人们观赏，但汲取养分最好的方式还是去阅读。

《如何阅读一本书》

☆ 我要读

有时候，我们看书最大的阻碍不是不喜欢，而是看不懂，或者看完没有收获。虽然现在有很多书都会教你如何去阅读，但下边这本80多年前面世的对世界产生了巨大影响的作品一定会让你耳目一新。

在中国，不少人将“求学”视同于“读书”。历代文人也留下了很多有关如何读书的感悟。

在近代，鲁迅曾在《读书随笔》中写过，读书至少分两种：一是职业的读书；二是嗜好的读书。职业的读书，如学生因升学，教员为备课，看似高尚，其实不无勉强、苦痛和可怜。嗜好的读书，犹如痴迷打牌，日夜不停地打，公安局将他捉去了，放出后，他还去打。此类打牌已不为赢钱，而在有趣——妙在一张一张地摸起来，永远变化无穷。

教育家蔡元培在年届七旬之际，在《我的读书经验》中谦诚地反思了自己近六十年的读书经历：“我自十余岁开始读书，读到现在，将满六十年了，中间除大病或其他特别原因外，几乎没有一日不读点书的。然而我也没有什么成就，这是读书不得法的缘故。我的不得法，第一是不能专心，以一物不知为耻，种种都读，但都没有读通。第二是懒得动笔，读书时没有摘抄，也未在书上做标记。我尝见胡适先生有一个时期，出门时常常携一两本线装书，在舟车或者其他忙里偷闲时翻阅，见到有用的材料，就折角或以铅笔标注。我想他回家后或者尚有摘抄的手续。”

在《读书》《为什么要读书》等多篇文章中，蔡元培眼中颇善读书的胡适介绍了自己的读书要诀：“我总算是老大哥，我从五岁起到四十岁，读了三十五年的书。今天我就根据我过去三十五年读书的经验，给你们一些贡献。读书的方法有两个要素：第一要精；第二要博。读书的目标是：为学要如金字塔，要能广大要能高。希望大家不要怕读书，起初的确要查阅字典，但假使能下一年苦功，能把所读的书的内容句句分析清楚，这样继续不断地做下去，那么，在一二年中定可开辟一个乐园……”

胡适的同侪、美国教育家莫提默·J. 艾德勒也提出过与“为学要如金字塔，要能广大要能高”近似的观点。相较于胡适，艾德勒则将“如何读书”作为一个专题进行细致周密的研究。

艾德勒关注到，当时美国教育体系的人力与物力均花费在小学六年间的阅读指导上，缺乏引领学生进入更高层次的、需要不同阅读技巧的后续阶段。在研究中，艾德勒还注意到，哥伦比亚大学教育学院的詹姆斯·墨塞尔教授1939年在《大西洋月刊》发表了《学校教育的失败》一文，文中指出：学校是否有效地教导过学生如何阅读母语？整体来说，在五六年级之前，学校曾有效地教导过学生如何阅读母语，但此后对学生便再无阅读指导。许多中学生因为读不懂书中的意义，成绩很差。他们可以读简单的小说，但无法阅读结构严谨的细致作品、精简扼要的论文或者需要严密思考的章节。即便进入大学，他们的阅读能力也只停留在小学六年级。

为了有效地增进大众的中高级阶段的阅读能力，艾德勒认真地撰写了《如何阅读一本书》。本书初版于1940年，旋即在全美畅销书排行榜首盘踞一年余。《如何阅读两本书》《如何阅读一页书》等效颦之作也接踵而至。1972年，艾德勒与查尔斯·范多伦又对本书作了大幅增订，现今为人所熟知的便是该版本。

1999年，在本书面世60年之际，时年44岁的台湾商务印书馆总编郝明义第一次阅读本书。他强烈地感到，如果他年少时便读过这本书，在阅读方面可少走很多冤枉路。即使他从事出版业已 20 余年，仍从本书中获益良多，并将深远地影响他的未来。为了让本书惠及更多人，郝明义与他人合作将本书译成中文，由商务印书馆出版。

本书备受推崇，主要有以下原因。

首先，它提出了不少阅读的基本理论。例如，阅读的分类、阅读的四个层次、分析阅读的三个阶段、主题阅读的步骤等。

在作者看来，人们阅读或为获得资讯，如阅读广告等；或为增进理解力，了解未知的事物或观念，如阅读哲学书等。阅读不同的书，速度应不同，而非所有的书都以最快的速度阅读。《独立宣言》全文仅三页，若要完全理解它的前两段，正确的读法是需要花几天、几星期，甚至好几年的时间。

本书将阅读分为四个渐进的层次：基础阅读，即逐字逐页阅读，这是文盲“摘帽”必备的阅读能力；检视阅读，即在一定时间内掌握所读材料的重点；分析阅读，不限阅读时间，非为获得资讯或消遣，而为咀嚼、消化并理解；主题阅读，阅读多本书，列出它们的相关之处，提出它们都谈到的主题。

作者认为，一个人文素养优良的高中，就算什么也没做，也该培养出能达到分析阅读的读者；一个优秀的大学，就算什么也没贡献，也该培育出能进行主题阅读的读者。

由于本书着力研究的是如何通过阅读增进理解力，所以，分析阅读是作者论述的重点，作者细致地阐述了他们对分析阅读的认识，并将分析阅读分为三阶段：

第一阶段，用最简短的文字概括出全书主题，将其主要部分按顺序与关联性列出，理出全书各个部分的大纲。

第二阶段，找出作者论述的主要思想，确定作者已解决的问题与尚未解决的问题。

第三阶段，客观公正地评判这本书。

其次，本书对阅读技巧的指导极为具体。对如何记笔记，如何查字典、百科全书，都有独到经验。作者认为，不同类型的书各有其阅读技巧，并专章逐一论述了想像文学，历史，哲学，社会科学，科学与数学，故事、戏剧与诗的不同读法。

作者指出，要找出对你有特殊价值的书，只有所读的书超越了你现有的思想，才能增进你的理解力，进而增长心智。阅读和滑雪一样，可以优美，也可能很笨拙。优秀的读者应读得很主动很专心，而且依书的特质，使用不同的阅读技巧。不同的人读同一本书，阅读更主动、运用阅读技巧更多的人，收效更大。阅读的技巧包括：敏锐的观察，灵敏的记忆，想象、分析和省思能力。

最后，本书内容繁多却不芜杂，表述明晰又条理井然，非常符合书中提出的优秀写作的基本准则：作品有整体感、清楚明白、能把不同的重点条理有序地排列出来。

本书中有很多贴切的比喻，既增进了读者对文意的理解，又使全书生动鲜活。

例如，书中写到，作者与读者的关系，好比棒球投手和捕手的关系。捕手在接球时，要充分发挥主动，使用诸多技巧，接住各种球；读者的技巧则是尽可能掌握每一种讯息。成功的沟通都发生在作者想要传达给读者的讯息，刚好被读者掌握。有些作者深谙如何“控球”：他们明了自己要表达什么，也能精准地传达出去。

书中还写到，如果把一本书的纲要视为动物的骨架，具体内容视为其血肉，那么，好的作者不会将一个发育不良的骨架藏在一堆肥肉里，也不会令其骨瘦如柴，而会使其血肉匀称，无松弛的赘肉。老道的读者，眼光应如 X 光一般透视出这副骨架，无须动手揭其外皮，剥其筋肉。

文质兼美的书所获回报丰厚得令人惊羡。到2007年止，仅在北京，本书3年内便印刷了7次。截止到2014年12月，在当当网上，本书有5万余条评论，好评率达98%。在清华大学各图书馆，本书往往需要预约方能借得，常年如此。

来源：清华大学经济管理学院官方网站，2015年1月21日，作者徐璐，有改动

☆ 我明白

《如何阅读一本书》是一本经典的阅读指南，它不仅仅是一本关于阅读的技巧手册，更是一本关于如何通过阅读来深化学习、获得知识的哲学性作品。有时候，我们可能就是因为欠缺这一点指引，而走了很多弯路。如果你觉得这本书有必要一读，希望你能学到方法，让自己的阅读变得更有乐趣。

《氾胜之书》中的术与道

☆ 我要读

“锄禾日当午，汗滴禾下土。”中国自古以来就是一个农业大国，古人的智慧汇集成一本本书籍，而这些书籍影响着我们，让我们了解了不一样的世界。作为我国现存最早的一部

农书，《氾胜之书》不仅反映出当时人民的劳动智慧，也体现了我国古代人民追求知识和技能的积极态度。

在汉武帝广辟田亩、大兴农事之际，我国古代杰出的农学家氾胜之兴神农之教、继陶朱之风，“督三辅种麦，而关中遂穰”。他在指导关中农业生产实践的同时积累了丰富的农学经验，对当时流行的“粪种法”“溲种法”等种田方法进行了改良，创新了“区田法”，使关中地区获得丰产，保障了当时汉帝国都城的粮食供应。氾胜之的思想成果结集于《氾胜之书》中，标志着精耕细作的农学思想新发展，并为《齐民要术》等后世农书广为征引。然而《氾胜之书》原书在流传中遗失，当今版本乃是根据《齐民要术》所引条文辑录而成。《氾胜之书》现存 18 篇，囊括了禾、黍、麦、稻、稗、大豆、小豆、枲、麻、瓜等 13 种农作物的栽培技术，提出了“趣时、和土、务粪、泽、早锄、早获”六条紧密关联的农业生产原则，其中既包蕴着天人合一等中国传统农业思想和哲学基因，又体现着鲜明的资政重本取向，乃是“术”与“道”的统一体。

“氾胜之术”：精耕细作的农业生产方式

精耕细作是在集约用地情况下所采用的一套整地、选种、施肥以及田间管理的综合技术方案，其优势在于以增强劳动投入改善自然环境、提升生产效率，同时达成农田的可持续发展。这一技术模式萌芽于春秋战国时期黄河流域的沟洫农业，在秦汉时期的北方地区关中平原得到了长足发展。《氾胜之书》涵盖了汉代精耕细作农业的诸多标志性技术成就，提出了溲种法、点种法、区田法等生产方法。

郑玄称氾胜之的贡献在于“土化之法，化之使美，若氾胜之术也”。所谓“土化之法”，即是改良土壤、增加农产的方法，而改良土壤的前提，则是对土壤强弱、肥瘦、厚薄等性质有充分的了解和区分。氾胜之善于观察土壤的状态，判断改良不同土壤的时机。如春天地气通达，则是耕硬地黑垆土的时节，此时多次耕地，以磨平泥块、将土和匀，这就是“强土而弱之”法。相应地，在杏花繁盛时则应耕弱土，通过辊压、牛羊踩踏等方法使土质紧实，就是“弱土而强之”法。通过调节土壤结构，农田得以保存空气、留存水养，提供有利于作物根系的良好条件。

“溲种法”是氾胜之在“粪种法”基础上用以改良土壤的重要方法。他认为“以粪气为美，非必须良田也”，在 13 种作物栽培中，氾胜之一一列出采用针对性的粪肥配方。关于

“溲种法”，书中亦列有详细的处理过程：“又取马骨锉一石，以水三石，煮之三沸；漉去滓，以汁渍附子五枚；三四日，去附子，以汁和蚕矢、羊矢各等分，挠，令洞洞如稠粥……至可种时，以余汁溲而种之，则禾稼不蝗虫。”“无马骨，亦可用雪汁，雪汁者，五谷之精也，使稼耐旱。常以冬藏雪汁，器盛，埋于地中。治种如此，则收常倍。”现代农学家分析指出，马骨、蚕粪和羊粪有利于为禾苗增肥，而剧毒的附子则可以杀灭细菌、防治害虫。雪水相比普通雨水，重水含量少75%，因此更有助于植物生长。

氾胜之发明的“区田法”，在我国古代农业思想史上留下了浓墨重彩的一笔。“区田法”假托伊尹“教民粪种，负水浇稼”之事迹，在三辅地区为代表的北方旱作农业区推广，据氾胜之所言，可达“十亩收千石”的丰产效果。尽管这一产量估计存在争议，但其中的先进性至今依然为农学家所推崇。实施“区田法”，首先，需要精细整理土地，预先规划农田的数目、面积、功能分区及挖土深度，同时按田亩方寸分配不同数量和质量的劳动力，务求“庶尽地利”。其次，种植区田需要合理播种，疏密有度，按照不同种类作物安排植株区间，以满足各种庄稼通风和光照的需求。最后，“区田法”需要配合精确施肥、适量灌溉、适时田间管理等农作技术。整体而言，“区田法”的农业生产模式可以最大限度利用单户家庭内的劳动力存量，具有高产的前景。尽管相较于当时正在普及的铁犁牛耕并不具有太大优势，但合理利用天时地利配以人和的农业思想依然具有借鉴意义。

“氾胜之道”：天地人统一的农业哲学思想

在中国传统“三才论”基础上生发出的天地人统一的农业哲学思想，指导着精耕细作农业的运作。而这一模式获得农业丰产的秘诀，则是本着天（农业生产的气候条件）、地（农业生产的土地条件）、人（农业生产的主体）三才统一的整体观，使人的活动与天时相协、与地利相调，从而改善作物的生长环境。正像英国著名科技史专家李约瑟所总结的，中国传统科技体系的背后，是一套有机主义的自然观，从《夏小正》开“三才统一”的先河，到《礼记·月令》《吕氏春秋》描绘“天—地—人”的宇宙图式。“三才论”指导下的中国传统农业，不仅重视农业生态系统内部各要素之间的相互关联和物质循环，而且摆正了人在自然中的位置。《氾胜之书》取得的思想成就，离不开天地人统一的农业哲学基础。

氾胜之在《耕田篇》中贯彻了顺应天地的精神。他说：

“凡耕之本，在于趣时，和土，务粪泽，早锄早获。”其中居于前两位的“趣时”与“和土”便为天与地的条件，而其余的“务粪”“泽”“早锄”“早获”则是人利用改造环境做出的努力。这六项原则相互配合，才能为农作物创造良好的生长环境。论及耕田时机的选择，氾胜之时刻注意人的农作活动是否与天、地相应，即便土地瘠薄，只要注意天地人的和谐统一，也能达到高产丰收的目的。判断春耕、夏耕和秋耕的时节，需要根据天气与地气的变化，以便掌握土地温度、湿度等状态。如“春冻解，地气始通，土一和解；夏至，天气始暑，阴气始盛，土复解；夏至后九十日，昼夜分，天地气和”，此时耕田，就可事半功倍。同样，在农历五月和六月耕种麦田则可“一当三”“一当再”，而七月再耕则误农时，效果亦“五不当一”。

在天地自然的约束下发挥人的主观能动性，改造农业环境，是《氾胜之书》的中心内容。根据不同作物的习性，氾胜之遴选合适的种植方法与时机，务求每种作物各得其时，得到天地长养。他为作物争取合适的天时，认为九谷种植皆有忌日，“小豆忌卯，稻麻忌辰，禾忌丙，黍忌丑，秫忌寅未，小麦忌戌，大麦忌子，大豆忌申卯”，忌日的天时地气与作物本性相冲突，若强行种植则收成微薄。种黍需要“先夏至二十日，此时有雨，强土可种黍”，种麦则“得时无不善。夏至后七十日，可种宿麦”，种稻需“春冻解，耕反其土”，种禾需“三月榆荚时有雨，高地强土可种禾”，等等。这些是综合季节、物候、雨水、土质等各种因素确定的经验总结，其中天的因素包括“榆荚时”等物候、“夏至”等节气、“有雨”等天气，地的因素则包括“春冻解”“高地”“强土”，等等。农民的任务就是顺应天时地利，挑选合适的植株，创造作物茁壮生长的自然条件。

《氾胜之书》中的“治国之道”：资政重本的思想取向

中国古代以农立国，农业生产在国家全局中的突出地位不言而喻，因而古代农学家的思想都带有明显的实践指向。我国农史专家石声汉曾言，“以农业生产和农业劳动者，作为国防上人力、物力的来源，在我们中国是‘古已有之’的‘农本思想’”，此言精准概括农业思想家资政重本的共性，《氾胜之书》亦无出其外。虽然现存的《氾胜之书》仅为残本，但从其成书背景、书中具体的种植术到书后杂项，无一不渗透着氾胜之对农事与国政紧密联系的认识。氾胜之关于农业生产地位的更多思考已不得而知，但其保障粮食安全的思想，则在《氾胜之书》中尤为突出。

早在战国时代，农家已经意识到农业生产的极端重要性，如《吕氏春秋·上农》中开篇即言“古先圣王之所以导其民者，先务于农”，且将农业生产与社会道德和秩序联系起来，主张通过重农达到“边境安，主位尊”“公法立，力专一”的统治效果。氾胜之认为“谷帛实天下之命”，一语言中农业生产在国家运转中的关键地位。《氾胜之书·杂项》中提道“神农之教，虽有石城汤池，带甲百万，而无粟者，弗能守也”，言明粮食问题事关国家存亡。同时，称赞“卫尉前上蚕法”和“今上农事”乃是“忠国忧民”的做法，亦暗言自己写作此书的目的。

氾胜之资政重本的思想取向，与当时西汉拓土战争下的社会状况存在深刻联系。武帝朝长达 50 余年的对外战争带来了国内深重的粮荒与财政危机，据《史记·平准书》记载，“于是大农陈藏钱经耗，赋税既竭，犹不足以奉战士”，“其费以亿计，不可胜数。于是县官大空”。同时，汉武帝时代灾荒频发，据历史学家整理，西汉共历 11 次大型水旱灾害，武帝朝占 4 次，频繁的自然灾害直接降低农业产量，影响战争局势。财政危机与自然灾害严重威胁着黄河流域的农业生产，同时战时体制下关中地区作为汉帝国核心区域的稳定需要，又突显出粮食安全的重要意义。在这样的时代背景下，氾胜之“督三辅种麦”，正发挥着辅“天下之命”的作用。

《氾胜之书》将维护粮食安全当作重要任务，围绕关中地区粮食生产保障问题提出了三方面解决措施：精耕细作以增加产量；作物种类多元化以备荒年；发展漕运以保障粮食供应。“区田法”作为氾胜之的主要发明，增加施肥、灌溉和田间管理，动员单户家庭的男女劳动力等方法提高农田单位产量。同时，《氾胜之书》所收录的13种作物中，有不少是为备荒所种，例如“稗既堪水旱，种无不熟之时……良田亩得二三十斛，宜种之备凶年”，“大豆保岁易为，宜古之所以备凶年也。谨计家口数，种大豆，率人五亩，此田之本也”。此外，氾胜之引用吴王夫差开邗沟之例，暗示漕运亦为保障地区粮食安全的方法。瓠子河决后，汉武帝采纳大司农郑当时所言“引渭穿渠起长安，并南山下，至河三百余里……而益肥关中之地”，开凿黄河漕运，使关中地区粮食供应又添一重保障。

《氾胜之书》提出了一套精耕细作的农业技术，总结了10余种农作物的栽培技术，是当时劳动人民的实践智慧与劳动成果的结晶，其中的某些农业技术至今依然具有参考意义和实用价值。《氾胜之书》是中国古代传统农学天地人统一思想的具体运用，是中国古代“三才论”哲学观点的衍化成果，继承和丰富了朴素唯物主义哲学思想，既发展了天人和谐的中国传统自然观，亦充分肯定了人作为生产主体的积极作用。《氾胜之书》以农为本的价值取向和备灾备荒的忧患意识，为适应汉武帝时代的社会经济发展需要，发挥了积极的作用。

来源：《学习时报》，2023 年 4 月 3 日，作者王一帆，有改动

☆ 我明白

《氾胜之书》是一部记载古代农耕技术的宝贵典籍。它深入介绍了许多农业生产知识和技能，如作物的种植、管理、病虫害防治等实用技术。更重要的是，书中蕴含的“道”，即对自然规律的尊重与顺应，对农业生产活动的深刻洞察和哲学思考，将引导你理解农业生产的本质和可持续发展的重要性。

你不知道的《十万个为什么》

☆ 我要读

《十万个为什么》想必大家都不陌生，那么这本在世界

范围内产生巨大影响的书是怎么来的呢？下边这篇文章就给你答案。

为什么星星会眨眼睛？为什么海水是咸的？为什么鸽子能从遥远的地方飞回自己的家……“为什么”这三个字代表的是少年儿童源源不竭的求知欲望，自然界里千变万化的事物也吸引着每一个热情、好问的少年儿童。《十万个为什么》——这是所有中国孩子都不会陌生的书，直到今天仍是孩子们科普读物的首选之一。仅从1961年4月算起的50多年间，《十万个为什么》就出了6个版本，销量高达1000多万套、1亿多册。或许在许多人的认知里，我国《十万个为什么》的最早版本是由上海少年儿童出版社出版的。其实非也！

1929年苏联著名科普作家米·伊林出版了一本科普小册子《十万个为什么》，第一版只有短短的50000字，却立即引起阅读高潮，印数一再增加，并很快出现了英译本、法译本、德译本等。在俄语中，“十万”是个形容词，形容数量之多。而这个有些夸张的书名其实更早出现在一首诗中：“五千个在哪里、七千个怎么办、十万个为什么。”这是1907年诺贝尔文学奖获得者、英国诗人吉百龄的诗。1932年，苏联著名作家高尔基给法国作家罗曼·罗兰写了一封信，信中提到了伊林：

“伊林的一本书用德文出版了，书名是《改变世界的五年》；另一本用英文出版了，书名同样有趣——《十万个为什么》。”

在中国，最早将伊林《十万个为什么》译成中文的译者之一是我国第一代科普作家董纯才，其版本是1934年10月由上海开明书店出版的。董纯才1931年开始科普创作，1937年到延安参加革命，一生从事教育和科普工作，是与高士其齐名的我国第一代科普作家。

董纯才自己创作的科普作品主要有《马兰纸》《凤蝶外传》等，翻译作品也很多，仅查阅山东省图书馆《（馆藏）革命文献书目》（1987年编印）一书，就能发现董纯才翻译的作品当年在抗日根据地和老解放区出版的就有：《人和山——人类征服自然》（东北书店1947年10月出版）、《几点钟——钟的故事》（东北书店1948年11月出版）、《凤蝶外传》（冀东新华书店1949年5月出版）……当年他翻译的科普作品达到了信、达、雅的标准，不但受到了陕甘宁边区及其他老解放区人民群众的喜爱，还曾得到了毛泽东主席的好评。

1956年党中央向全国人民发出了“向科学进军”的号召。当时我国仅有的两家专业少年儿童出版社，其中之一的上海少年儿童出版社的编辑们备受鼓舞。他们在两三个月时间里发动了几十所学校、少年宫的老师和学生提问题，请科技工作者和大学教师提问题，自己还从大量的报刊上摘编问题，一共收集了4000多个问题，之后按照符合“为什么”的标准选出了2000多个，最终采用了1484个。这些问题成为《十万个为什么》这一大型科普读物的成书基础。从1961年4月起，编辑出版了《十万个为什么》共8册，出版后受到了广大读者的欢迎。1964年，他们又根据读者的要求，对这套书作了修订，并于1965年出版第二版，由原来的8册扩充为14册——在1965年版《十万个为什么》修订的审稿人名单上，有这样一些著名科学家闪光的名字：李四光、竺可桢、华罗庚、茅以升、钱崇澍、苏步青……他们都是当时中国科学界最负盛名的大家。

后来，上海少年儿童出版社被并入上海人民出版社，并组织了一个新的班子对这套丛书进行了从头至尾的“修正”。1970年至1978年，由上海人民出版社继续出版《十万个为什么》。1977年年底，上海少年儿童出版社又从上海人民出版社分离出来，后来的18册至21册改由少年儿童出版社出版。1980年《十万个为什么》开始第三次大修订，推出的第四版以1964年版的规模和特色为基础，仍分14册，共计1919个问题。1990 年又出版了 10 个分册的“续编本”，与之前的 14 分册合并为 24 册的《十万个为什么》。“为什么”达到了 3007 个，史称第五版。

2013 年 8 月，《十万个为什么》第六版又在上海举行了首发式。全书 600 万字，共 18 分册，收入了 4500 个代表科技发展前沿和青少年关心的热点问题，共有 3438 个“为什么”得到了解答。但是我们也必须承认，离最初设计要做到名副其实的“十万个为什么”仍相距甚远。更让人惊奇的是，除了这些年不断出新的版本，即使在解放战争时期，我们的孩子们依然有机会读到自己的书店售卖的《十万个为什么》。

70 多年前，董纯才翻译的《十万个为什么》由渤海新华书店在 1945 年 10 月发行，印量 3000 册，定价 6 元，32 开，石印，毛边本，折叠装订，64 页。封面设计依现在眼光看来亦显高端大气：“100000”下方正中一个大大的“？”，它可以激发读者尤其是少年儿童的求知欲。目录页印有“室内旅行记”，第一站：自来水龙头，第二站：火炉，第三站：食橱和铁灶，第四站：锅架，第五站：碗橱，第六站：衣橱。

“室内旅行记”首先提出了一些日常生活中常见的“为什么”，如“穿三件衬衫暖呢，还是穿一件三倍那样厚的衬衫暖？”“你们能用空气造墙壁吗？”“火能投射出影子来吗？”“为什么水不能燃烧呢？”“当我们熄灭火柴的时候为什么要吹它？”“火炉使我们温暖，因为炉里有火，但为什么外套也能使我们温暖呢？”……通过对人类日常生活中经常接触到的种种“为什么”，深入浅出地详细展开论述，共解答了 64 个“为什么”。

据了解，渤海新华书店 1945 年 1 月成立于山东垦利县八大组，最早隶属于渤海日报社，由中共渤海区党委宣传部直接领导，主要翻印各抗日根据地出版的图书，1949 年，因渤海区行将撤销，随即停止图书出版业务，实际仅存在 4 年多时间。

渤海区是抗日战争时期山东的一个行政区，它是在 1944 年 1 月由冀鲁边区和清河区合并而成，与胶东、鲁中、鲁南、滨海等并称为共产党领导下的五大战略区，直到 1950 年 6 月与其他行政区同时撤销。如今当年渤海解放区出版发行的报纸、书刊日渐稀少，难觅难寻。

翻阅山东出版史料得知，1945 年石印的《十万个为什么》在整个山东解放区都是非常珍贵的版本。“石印”，即用石版进行印刷。其方法是先把原稿用含有油质的特制墨写在药纸上，再轧印在石版上，并在版面上涂上一层桃胶，这样印刷施墨时，由于水油相斥的作用，版面仅有有字的部分着墨，然后将纸覆于其上印刷。

或许有关“十万个为什么”的话题还远远没有结束；或许《十万个为什么》丛书还将以崭新的面貌再版……我们坚信，70多年前《十万个为什么》的版本价值、文献价值、收藏价值，自会随着岁月流逝更显珍贵。

来源：齐鲁壹点，2022年4月23日，作者李强，有改动

☆ 我明白

凝聚了众多人智慧的中国首版《十万个为什么》弥足珍贵，但社会不断发展，知识也会不断更新，每一版《十万个为什么》都是对前一版的继承和发展，新版本在保留原有精华的基础上，加入了新的内容和元素，使书籍更加丰富和有趣。每个版本都有其独特的价值和意义。带着开放、探索的态度去阅读，我们便能汲取更多的知识，学习更多的技能。

《非暴力沟通》

☆ 我要读

你是否经常觉得自己不被理解？或者与他人的沟通不顺

畅？相信这种痛苦的感觉使你非常难忘。通过阅读下边这本书，你肯定会对与人沟通产生全新的见解。

语言是窗户，或者是墙，

它们审判我们，或者让我们自由。

请透过我的言语，

倾听我们共有的情感。

——鲁斯·贝本梅尔

生活中，暴力离我们远吗？

随着国民素质的提高，行为暴力的发生有所降低，但生活中有一种暴力常被我们忽视，就是语言暴力。交流时的神态、表情包括身体语言等潜台词，很可能就是语言暴力的源头，但我们意识不到。

语言暴力是指在沟通过程中，使用不恰当的语言、态度等，不但达不到沟通目的，还会引发自己和他人痛苦的一种沟通方式。

《非暴力沟通》的作者是国际非暴力沟通中心创始人、全球首位非暴力沟通专家马歇尔·卢森堡博士。他把语言暴力分为以下四种类型：第一种是道德评判；第二种是进行比较；

第三种是回避责任；第四种是强人所难。

非暴力沟通也称为“爱的语言”，它指导我们转变谈话和聆听的方式，明了自己的观察、感受和愿望，既诚实、清晰地表达自己，又尊重与倾听他人。

非暴力沟通包括以下四个要素。

第一个是观察。将观察和评论混为一谈，别人就会倾向于听到批评，并反驳我们。非暴力沟通提倡在特定的时间和情境中进行观察，并清楚地描述观察结果。例如，它会说“欧文在过去的 5 场比赛中没有进一个球”，而不是说“欧文是个差劲的前锋”。会说“小李对我没有什么吸引力”，而不是说“小李长得太丑了”。

第二个是感受。有人认为感受是无关紧要的，重要的是各种权威主张的“正确思想”。于是，我们被鼓励服从权威而非倾听自己。渐渐地，我们习惯于考虑：“人们期待我怎么做？”而忽略了自己内心真实的感受。

第三个是需要。我们对自己的意愿、感受和行动负有完全的责任，但无法对他人负责；我们也不能牺牲他人来满足自己的需要。非暴力沟通的目的不是为了改变他人来迎合我们。相反，非暴力沟通重视每个人的需要，它的目的是帮助我们在诚实和倾听的基础上与人联系。

第四个是请求。越清晰的请求，越能得到有效的执行。由于我们所要表达的意思与别人的理解有可能不一致，有时，我们需要请求他人的反馈，特别是在集体讨论发言时，我们需要清楚地表明自己的期待，否则，只是在浪费大家的时间。

非暴力沟通包括以下四个关键环节。

第一个是倾听。特别是全身心倾听很重要，首先要放下自己已有的想法和判断，其次是设身处地地了解别人的处境，最后给予适当的反馈，而不是急于提建议、安慰，或者表达自己的态度和感受。

第二个是如何说“不”和如果别人说“不”。当自己的内心很痛苦，无法倾听他人，无法承受或提供帮助的时候，要学会拒绝。同时，如果别人说“不”，也要倾听对方实际的感受和需要。

第三个是自我宽恕。每个人的精力是有限的，要求严格是一种好的品质，但是完美主义容不得一点瑕疵，有时候是为难自己也是为难别人。要用“选择做”代替“不得不”，因为降低自我要求不是容忍马虎，而是转变心态让自己更加轻松愉悦，使沟通更加有效。

第四个是感激。留意生活中的积极一面，表达感激之情很重要，这直接影响我们人生的态度，正是回到了“非暴力”的内涵“让爱融入”。让尊重、理解、欣赏、感激、慈悲和友情，而不是自私自利、贪婪、憎恨、偏见、怀疑和敌意来主导生活。虽然每个人的价值观和生活方式或许不同，但作为人却有着共同的感受和需要。

感激生活的赐予，让“暴力”真正消失，让沟通真正有效。从改变沟通方式开始，转变自己、接纳他人。

来源：贵州省戒毒管理局官方网站，2022年2月10日，有改动

☆ 我明白

短短几段文字肯定没办法帮你解决所有的问题，但是现在的你一定知道是什么使你变得难过。学习和改变什么时候都不迟，只要你有坚定的决心。

（二）拓展思维与视野

信息爆炸的短视频时代，我们接受信息的方式越来越直接，只需要在 App 中搜索自己的问题，答案便映入眼帘。但阅读不一样，不论是什么样的书、什么样的情节，都需要我们

对书中的信息进行理解、分析和评价，这个过程不仅加深了我们对知识和技能的理解，更提高了我们思维的深度和广度，使我们观察的视野更加开阔。

马克思的读书心法

☆ 我要读

如果我们选择了最能为人类福利而劳动的职业，那么，重担就不能把我们压倒，因为这是为大家而献身。那时我们所感到的就不是可怜的、有限的、自私的乐趣，我们的幸福将属于千百万人，我们的事业将默默地、但是永恒发挥作用地存在下去，面对我们的骨灰，高尚的人们将洒下热泪。

——《青年在选择职业时的考虑》卡尔·马克思

马克思不但是马克思主义的创始人、无产阶级的革命导师，也是世界公认的大学者。他生平著作极丰，《资本论》《政治经济学批判》《哥达纲领批判》等都是他的代表作。在他一生的革命生涯和学术生涯中，始终都与书为伴，好学不辍。19世纪中叶的欧洲，曾流行着一种“自白书”的文字游戏，通过其中各项的回答，基本上可以看出一个人的品格和爱好。在“您最喜爱的事”一栏中，马克思清清楚楚地答道：“啃书本。”由此可见，读书在马克思的一生中，已经占据了极其重要的地位。作为一位伟人，马克思之所以能获得巨大的成功，在各个学术领域中都能有所作为，成为一个时代思想的高峰，是与他科学合理的读书方法密不可分的。

坚持有规律性的读书生活

他的朋友李卜克内西在回忆马克思时曾说：“学习！学习！这就是他经常向我们大声疾呼的无上命令。他自己就是这方面的榜样。”

马克思的一生在许多国家流浪或暂寓，但他一直没有间断读书。1849 年夏，马克思迁居伦敦。虽然家庭生活十分艰难，但他依然坚持读书和科研工作。每天早上 9 时，他都会准时到大英博物馆读书，直到晚上 7 时才回家，不管春夏秋冬，每天如此。博物馆里的工作人员都认识他了，并给他留了专座。由于多年从不间断的阅读，以致他的专座下面出现了双脚踩出的印痕。

广泛涉猎各种学科

曾有人问过马克思：“博士先生，一个人可以同时研究五十种科学吗？我们的教授通常只能攻读一种专业！”“亲爱的朋友，所以也有很多教授戴着遮眼罩呀！如果人们要认识世界和改造世界，人们就不要只在一块草原上去赏花呀！”马克思幽默地答道。

马克思不仅以毕生精力专门研究了政治经济学、哲学、政治学、法学、历史学和社会学等各种学科，而且还酷爱文学，阅读过大量的诗歌、小说和散文。

读书喜做摘要和笔记

马克思读书很有系统性，经常是带着目的、有针对性地阅读。做笔记是他最常做的事。

马克思的笔记本大多是用白纸自制的，将一叠白纸沿中间对折，然后用线缝合。除此之外，他还对这些笔记作了目录和纲要，以便及时查找。

认识书籍阅读和自身创造之间的关系

由于书籍对每个人的帮助不一样，所以每个人也都作出了不同的理解和评价。如有些人把书视为自己的朋友，有的视为老师，有的视为精神食粮，有的视为智慧或快乐的来源，有的视为人类进步的阶梯，也有的人把书籍作为自己的装饰品，附庸风雅。但马克思却不一样。虽然他早年也得到过书的启示，读过难以计数的书，可他却指着案桌上的书对他的朋友说：“它们是我的奴隶，必须按我的意志为我服务。”

马克思的这句话至少可以说明三点：首先，马克思读书，既钻得进，又拔得出；其次，马克思把欧洲当时的所有经典著作大致上都读通了，他没有拜服其下，而是站在这些经典之上，又站在时代的高度以审视的眼光加以俯瞰，所以站得高，看得远；最后，马克思读书，已经达到了一个相当高的境界，否则是说不出这种话，难有这样的体会的。

当然，除了方法以外，马克思之所以能够成为一个时代的高峰，形成一个博大精深的思想体系，与他终身刻苦勤奋的攻读以及勇于探索和创造的精神是密不可分的。他曾说："在科学的道路上，是没有平坦的大道可走，只有在那崎岖小路上攀登的不畏劳苦的人们，才有希望到达光辉的顶峰。"

来源：《中国组织人事报》，2018 年 4 月 23 日，摘编自《百位名人读书心法》，中国社会出版社出版，邢群麟、宿春礼编著，有改动

☆ 我明白

出身上流的马克思没有安于父辈为他们设计的职业规划和人生道路，而是走上了"背叛"家庭，"背叛"家庭所属的那个阶级的革命道路。他博览群书，从多个学科领域吸收知识，这为他建立全面的理论视野奠定了基础；他深入研究了

人类历史、经济和科技的发展，并发现人类社会是以物质生产为基础的。可以肯定地说，阅读为他一生的成就带来了极大的帮助。希望每个人都能从阅读中识得更广阔的时间。

13年过去，张桂梅华坪女高第一届学生命运真的改变了吗？

☆ 我要读

“时代楷模”张桂梅深知教育对改变一个人命运的重要性，因此她提灯照亮上千名大山女孩的求学路。她鼓励学生们要勇敢地走出大山，去看看外面的世界，去追寻自己的梦想。她用自己的亲身经历告诉学生们，只有通过教育，才能够改变自己的命运，才能够让自己的家人过上更好的生活。那么，学生们的命运真的由此改变吗？

2021年6月7日，丽江华坪女子高中的张桂梅校长亲自将150名女孩子送入高考考场。

这是她带出来的第13届学生，在此之前，她已经将1800多个闭塞山区里的女孩送进大学。2021年的高考结果虽然尚未出炉，但这群女孩已经开启了改写命运的第一步。

13年来，女高声名鹊起，报名人数逐年增多，高考成绩一年比一年好。2020年，女高有159人参加高考，其中150人达到本科线，上线率高达94.3%。

然而，这一切都是从2008年那100个华坪女高第一届女孩开始的。她们带着飘摇的未来犹疑不定地走进张桂梅的教室，又带着新的希望走出贫穷的大山。

13年过去了，她们的命运真的改变了吗?

改写命运的开端

2008年，张桂梅决定在华坪县一个尘土飞扬的破操场创办免费女子高中。她有一个宗旨——不设分数线、不搞培优班，只要是想上学的贫困女孩，不管学习基础有多差她都收。

经过挨家挨户游说，张校长招到100名女生。这100名女生中，有96人坚持到毕业，其中69人考取本科，综合上线率100%。

这其中就有周云翠、周云丽姐妹。

作为女高第一届学生，周云翠、周云丽姐妹是一对“幸运儿”。母亲早逝，父亲残疾，在当地，和她们一样年纪的女孩都早早嫁人了。

但进入女高帮她们摆脱了这种命定的未来。从女高毕业后，姐姐周云翠考上了一所师专，目前在云南一所县小学任教。妹妹周云丽则以超出一本线的成绩考上云南师范大学。

小时候一心想离开大山挣大钱的周云丽，大学毕业后听说女高缺老师，放弃了县城编制，回到女高教数学。

“老师老了，我们长大了。”周云丽说，“我们要继续她未竟的事业。”

另一个女孩杨珍高考分数上了三本线，因为学费贵，父亲不愿意供她继续读书。为了赚钱，暑假期间，杨珍在张桂梅担任院长的儿童福利院打工。

两个月后，在张桂梅支持下，杨珍带着800元工资、一个亲戚送的旧手机，背着女高发的床单被罩，踏上去往大专的求学路。

之后几年，杨珍靠贷款、补助、打工，读完大专。虽然工作后数年里，生活极简的杨珍一直在还大学时欠下的债务，但2020年，杨珍又报了个专升本，因为知识改变命运的烙印已经深入骨髓。

4岁丧父的叶云是傈僳族人，母亲改嫁后，她跟随祖父母长大，家境极度贫困。张桂梅为叶云找到一位资助人，每月资助给她200元的生活费。

从她家到学校要坐5小时的车，高一去报道时，叶云晕车吐了一路。然而，背负重压的叶云也只有寒暑假才回家，生病也不敢离校。

现在的叶云是丽江一所乡镇中学的老师，教语文和历史。她的学生多是少数民族留守儿童，叶云要手把手地教他们洗头洗衣。

看到男生在校外赊账买手机，叶云会气得拿笤帚追打学生，一如她那位“坏脾气”的张桂梅老师。

高世婷也是女高第一届毕业生，父母均过世，家中只有弟弟和爷爷。

张桂梅接纳了这个女孩，还把她的弟弟安排进福利院。此外，女高每个月补助高世婷300元生活费。

3年后，高世婷考上了广西卫生职业技术学院。

现在，已经结婚生子的高世婷是华坪县医院的检验师。她说：“张桂梅老师是我生命中最重要的人，我喊她阿妈。”

何先慧也是第一届学生，中考成绩相当不错，但因家贫无力继续读高中。张校长到何先慧家中家访时，看到衣衫单薄的何先慧母亲，直接将自己的棉衣脱给了她。

每次提起这件事，何先慧都掉眼泪。

现在的何先慧是华坪县中学的初中数学教师。周末，她会去张桂梅担任院长的儿童福利院做义工。

“没有张老师，就没有今天的我。”何先慧说。

陈法羽是女高第二届毕业生。

2009年，中考分数没能过线的陈法羽，由于读不起一年几千块的自费高中，正准备回家种地，当她得知女高招生时，像抓住救命稻草一样赶紧报上了名。

开学报到那天，新生的宿舍已经整理好了。回想起那张被褥崭新、铺着凉席、贴着自己名字的床位，陈法羽哭了：“这张小床让我感到安全和温暖，这张纸条为我打开了一扇大门。”

3年之后，陈法羽考上云南警官学院，现在是永胜县一名人民警察。

她将自己第一个月的工资全部寄给女高，之后每个月拿出500元钱资助贫困学妹。

“女高改变了山里女孩的人生，我要把张老师的精神传下去。”陈法羽说。

山启燕是女高2014年毕业的学生，她是在集市上被张校长“捡”回去的。

山启燕父母在水泥厂打工，住着土坯房，而她一放假就要背甘蔗到镇上卖。

高三那年寒假，家里没钱过年，山启燕一早便背着一捆比自己还高的甘蔗赶到集市摆摊。正在家访路上的张桂梅看到学生在摆摊，又心疼又生气，自己塞生活费给山启燕，让她回家好好复习考试。

如今，山启燕已经大学毕业，是一名乡村幼儿教师。她说："我会谨记张老师的教诲，到艰苦的地方去，到祖国需要我的地方去。"

对于那些考上大学的孩子，张桂梅打定主意永不相见。她不许毕业生回到老地方，甚至不接受她们来看自己。张桂梅经常对毕业生说："走出这里，就忘了女高和我吧。"

但张桂梅也对学生们提出自己的期望，她希望学生进入机关部门，或者当警察、进部队。她觉得这类工作伟大，因为对人民有所帮助。

因此，女高早年的毕业生大致遵循着"贷款进入大学—毕业回到云南—从事基层工作"的路线。

她们十分在意张校长的评价，总是担心没有达到校长期望，怕自己不够格成为张桂梅要求的"对社会有用的人"。她们说："张桂梅在我们心里，是无法形容的人。比亲情还高，比老师更广。”

返乡做了大学生村官的女孩感慨：“命运对我真是太好了，但我回馈女高太少。”她说，“如果有一天女高有困难，我会义无反顾地回去。”

命运给她们的新难题

就如同我们每一个人的人生一样，女高走出来的女孩总有新的难题。其中最棘手的问题，是如何融入外面的世界，如何与自己内心和解。

家里靠种烤烟叶为生的杨珍，大学时兼职做移动业务推销，给同学们做宣传时把活动内容说错了，紧张到不知怎么办好，只能从讲台上跑下来。

她感慨，大山里出去的孩子，思维封闭，遇到事情不懂变通。

在乡镇中学任教的叶云，因为家庭原因恐婚恐育，除了偶尔出去玩一下，平时就是在宿舍待着。

她用“封闭”来形容自己，害怕面对女高之外的世界，觉得自己与别人格格不入。

并且，叶云的心理包袱非常沉重，刚毕业时找不到工作，精神焦虑、昏昏沉沉，一想到张校长和资助人，叶云惭愧得喘不过气来。

直到现在，叶云都不敢和两位恩人联系，觉得自己没有出息，对不起他们的期望。

前阵子因为做了一阵子家庭主妇，连捐款都被张校长嫌弃的黄付燕，在面对外部世界时同样有着困难。

黄付燕考取了内蒙古师范大学，在此之前，她全家没有一人出过远门。坐在火车上，黄付燕紧张得不敢动，实在憋不住才上厕所。硬着头皮跟同伴去买饭，自卑感忍不住往外冒。

“太贵了。”黄付燕说。

大学毕业后，黄付燕和男友去了上海，大城市的竞争令她局促。看到上海的小学老师不是重本就是海归，想着自己的二本专业，黄付燕瞬间没了自信。

大学里的差距，让女高毕业的女孩子无一例外地感到自卑。

她们觉得自己缺乏才艺、见识、沟通能力，除读书外没有特长，当班干部连班级活动也不会组织，不知道怎么沟通协调。胜任不了只得提出来辞职：“确实努力了，但是做不好。”

此外，几乎每一个女高出来的女生，都会做回到女高考试的噩梦。

对于这些困难，张桂梅校长帮不了她们，只能靠自己去慢慢解锁。事实上，张校长也有自己的瓶颈未解，那就是，女高的成绩卡住了，怎么都突破不了。

女高校训中写道：“上清华揽月，进北大摘星。”但是，女高目前最好成绩是浙大，这令张校长耿耿于怀。

张桂梅曾花重金请来名师讲课，但是学生表示自己完全听不懂。她也曾试着开放课堂讨论，但是学生没有自主讨论的能力。

孩子们一遍遍下死功夫背书，遇到不会的题就干着急上火。但无论孩子怎么努力，就是无法再进一步。

“这个结我们死活打不开。”张桂梅校长说。

比成绩更艰难的是保持“不设分数线、不搞培优班，只要是想上学的贫困女孩，不管学习基础有多差她都收”的宗旨。

随着女高声名鹊起，报名人数逐年增多，女高的高考成绩一年比一年好。事实上，由于出色的升学率，从第二届学生开始，报名人数就开始大于招生指标。

家家都说自己贫困，家家都有贫困证明，张桂梅只得从高分到低分录取，这也就被动形成一条分数线。有人担心，这样下去，女高会变成县中那样依靠生源的掐尖中学。

不过，张校长仍然没有放弃筛选出真正需要帮助的贫困学生。她会去学生家实地考察，如果看到新房和摩托，就让对方去报县中。而对于父母残疾，确实贫困的女孩，即便成绩不行张校长也收。

无论是张桂梅校长，还是女高的毕业生，生活总有新的难题，也总需要社会的帮助。

2021 年是华坪女高成立的第 13 年，1800 多名女孩从这里走出去。

她们接受帮助、逃离大山、独立生存。在这个过程中，女孩们对生活的改善心存感恩，同时在自我治疗原生家庭的伤。

她们在贫穷与自卑的撕扯中，努力扭转命运，虽然艰难但从未放弃。

她们用吃苦耐劳来抵挡生活的困境，如同她们的张桂梅校长，生生用双手凿出一线光。

她们尽最大力量回馈社会，以最大善意庇护着山里女孩未卜的命运。

如同张桂梅校长所说：“华坪女高三年，学生们懂得了感恩和奉献。”

她们扛起了大山里的希望，撑起了不屈的灵魂。

再次致敬张桂梅校长和所有永不放弃抗争命运的女孩们。

来源：遇言不止微信公众号，2021 年 6 月 15 日，作者遇言姐，有改动

☆ 我明白

张老师被女孩子们亲切称为“张妈妈”。她像一束希望之光，照亮孩子们的追梦人生。虽然路途坎坷，但是只要有路，就挡不住女高们前进的步伐，直至冲破枷锁，到达梦想的彼岸。读书改变命运，在这里就得到了深刻的体现。

77 岁“国宝级”绘本奶奶

☆ 我要读

绘本指的是以绘画为主，附有少量文字的书籍。可能有人会认为，一本图画书又如何呢？下边就来看看被誉为“中国绘本第一人”的蔡皋奶奶的故事吧。

40 岁能做什么？

她 40 岁开始绘画，47 岁获 BIB 金苹果奖，相当于插画界

的奥斯卡。

著名画家黄永玉先生看到她的绘本之后忍不住称赞：“画得真好啊，湖南有福了！”

日本平面设计大师杉浦康平说：“读着她的画，有着在不经意间想要诵读出声的冲动！”

她叫蔡皋，77 岁，身边的人喜欢叫她“宝藏奶奶”“长沙好外婆”。

2023 年上半年，豆瓣评分 9.5 分的《十三邀》第七季开播。

在第一集中，作家许知远拜访了著名绘本画家蔡皋奶奶，与蔡皋进行了一场深度的探讨与交流。

镜头下的蔡皋，白发苍苍，一脸的慈祥，笑起来时眼里藏着满满的爱意，温暖如春风。

初见蔡皋时，许知远笑着抛出了这样一个问题：“我在读您的绘本时，我怎么觉得我的童年都消失了，像被偷走了一样？”

“一定要找回来，我也在找，一辈子都在找。”这是蔡皋的回答。

蔡皋从未学习过专业的绘画课程，19 岁的时候，她迷上了画画，从此不管每天的工作有多忙，她都要抽空画上一幅。

别人说她吃饱了撑的没事找事，但她却乐在其中。“我刚好就是这种把绘画的时间当成幸福时刻的人。”

在国外，蔡皋被公认为是中国绘本第一人，作品《桃花源的故事》在 2001 年就被选入日本的教科书。

“中国如果有一个插画家有资格获得安徒生奖的话，那一定就是蔡皋。”这几乎已经成了业内人的共识。

但即便是这样，蔡皋在国内也是鲜有人知。

她的画融合了中国传统的文人画和民间绘画，无论是花鸟鱼、动植物，抑或是人物的形象，处处充斥着中国式的质朴与宁静。

在《桃花源的故事》中，蔡皋把中国人想象中世外桃源的模样画了出来。

“中无杂树，芳草鲜美，落英缤纷。”当你打开绘本，课本上描写的这段景象就出现在你眼前。

耕田的牛，撒肥、插田的农夫，以及那些河道、田亩、木板桥和杂树，组成了一幅中国农耕文明的画卷，这种感觉既现实又虚幻。

这也正是蔡皋想要呈现出来的意境，“我觉得生活和我的理想不应该有界限，它是打成一片的”。

她画的聊斋故事《宝儿》，讲述一个孩子凭借自己的智慧和勇气猎狐妖救母亲的故事。

故事反映了真实鲜活的中国民间家庭生活，既有幸福也有灾祸。表达了儿童的单纯、无畏、智慧与强烈的爱母之情，还表达了一个小小少年的自我超越。

整个作品中蔡皋使用了大量的黑色，有人说太过黑暗、压抑，她说：“当时宝儿受到的压力，和我从小受到的压力是一样的，生活在底层的人们多有这样的体验。”

大量的灰颜色和黑颜色，反而是衬托了宝儿像珠玉一样宝贵晶莹的人物形象。

宝儿的眼睛，蔡皋特意涂成了蓝色，寓意孩子的眼睛像湖水一样澄明，洞察万物的真相。

“小孩的感受是开的，他们的智慧不能被低估，我觉得小孩有这种本事，他一眼可以看清喜欢的人、不喜欢的人。”

这是独属于东方故事体系中的浪漫，是一种又黑暗又温暖、又诡异又惊奇、又紧张又痛快的感觉。

中国人心目中的花木兰形象，大多经历了现代电视剧和电影工业的加工。她是迪士尼视角下的“中国公主”，是国内电影电视剧中替父从军、巾帼不让须眉的英雄。

可是蔡皋偏偏不走寻常路，她从细微之处入手，塑造了一个不太一样的花木兰。

“人们的印象里，一定要把花木兰画成武将的形态，我不要，我要她是美丽的，善良的。”

“在我这里，她就是一个朴素的女孩子，喜欢她原本的生活，喜欢她的女性身份，所以愿意去保护家人，赢了后也更想要回家。”

很多人说以蔡皋的艺术水平，完全可以去到一个更大的舞台，画儿童绘本有点太屈才，纯属“浪费天赋”，可她却说：

“我很痛心，儿童的角落，大艺术家不来。大画家，不画儿童画。”

“我就觉得最好的东西要给童年，你不给童年，会耽误多少人的一辈子呢。我是带着批判的眼光做图画书的，最正的力量，是厚道、真诚，是热爱生活。如果一个人的日子过得有尊严，这种人是有力量的。我的书里面要跟孩子们传递这样的精神。”

蔡皋的画作曾经在教科书上出现过。她曾为湖南美术出版社出版的1—6年级美术课本绘制封面。这套教材，在当时还被评为了国内优秀教材。

有人说能画出这么可爱的画，蔡皋奶奶一定有一个非常幸福的童年，然而事实却并非如此。

1946年，蔡皋出生在湖南长沙，回忆起童年，她总是用“挺好的”“幸运的”来形容，但在外人看来她的童年一点也谈不上光明。

蔡皋的爷爷当过县令，还出国留过学，她的爸爸毕业于西南联大，国共合作时给国民党当过翻译，训练过飞虎队。

在那个年代，这样的家庭是“成分不好”的，蔡皋走到哪里都会被当成敌人对待。

上学时，她每天都会尽量走小路来躲避路人鄙夷的目光。

蔡皋的童年是一块黑颜料，但她的家人给她的童年增添了唯一的亮色。

外婆教会她唱童谣、纳鞋底、做袜子，给她讲故事，带她去看戏。在她眼里，外婆是无所不能的。

长大后，她把这些都画了下来，她说：“我要把童年和现在连接起来，记录就是我的针脚。”

蔡皋的爸爸永远乐观大度。

小时候家里困难，只要有一点点好吃的，他就会高兴地唱歌。

曾经蔡皋问过她的爸爸一个问题：“你都 80 岁了，给我讲一讲你的幸福感。”

她的爸爸回想了中学时的一场球赛，他说：“那是那场足球赛的最后一个动作，这么一勾，腾空而起，那个球“啪”进了，全场雷动。”

他说不是因为最后球进了，比赛赢了才高兴。他喜欢的是腾空踢出的这一腿，只是这个动作，这一瞬间的感觉。

“我真的很感念我的童年，一路回想起来，真是一路地开心。”

蔡皋是从黑暗中走过来的，正因为她见过了黑暗，所以才会这么希望把光明带给孩子们。

初中时因为出身原因，没有学校愿意录取她，最后她只能去到一个旧民房改造的民办中学。

这里的老师同样是被判定为“成分不好”的知识分子，她们挤在昏暗无光的教室里朗诵《蜀道难》，读《古文观止》《莎士比亚》，背唐诗宋词。老师们用文学的光亮驱散了蔡皋心中的阴霾。

因为上课常常偷看小说，她的成绩一塌糊涂，她说她不求成绩很漂亮，“读一肚子的东西，比不过那 80、90、100 分吗？”

英语老师听到她这么说非但没有生气，反而还很支持她的做法。

“我没有学好英语就是因为我的本心告诉我，我时间不够，我只能捡我最要紧的学。”

19 岁那年，还是因为出身的问题，她被下放到株洲县的一个偏远山村教语文，这一待就是 6 年。

下乡的这段日子里，她是老师，也是农民，每天都有忙不完的事情。

但很快，乡下的自然风光和淳朴民风就治愈了她。在插秧、收获的过程中，望着远处的一片美景，身心俱疲却又心满意足。

就是在这个时候，她迷上了绘画。

蔡皋说她一辈子做梦都想去美术学校，但始终没有机会。

没人教，那她就自己训练，最开始是临摹连环画，后来她就挑杂志上好看的图片临摹。

《桃花源的故事》描绘的就是下乡的这段经历，桃花源内的屋舍、良田、美池、桑竹，都是蔡皋亲眼看到过的景象，她把自己的生活、自己的理想画成桃花源的样子，实质上也是她对生活的一种期许。

36岁时，蔡皋被调到了湖南少年儿童美术出版社，结束了17年的教育生涯。

她清楚记得那天自己的心情，我进了出版社那个院子，走到一棵树的绿荫底下，觉得好甜，脚要起飞，人就很轻，几步路走下来，我害怕，我说，“不要着急，你慢一点，要享受一下，这真是幸福的时刻”。从此，出版社便成了她的“大学”。

1987年，她画的《七姐妹》获得了中国儿童读物插图作品邀请赛优秀作品奖，“金苹果奖”获奖作品《宝儿》也是在这个时期创作出来的。

回想这一路的颠沛流离，蔡皋从没有觉得生活对自己是不公的，从乡村教师到绘本画家，蔡皋一步步靠近自己的理想。她说，这是她的宿命，“一蔸雨水一蔸禾，我就是那蔸禾，接到了属于自己的那蔸雨水”。

来源：搜狐网，2023年11月21日，作者荼蘼花落知多少，有改动

☆ 我明白

蔡皋说："我的作品是什么？它像是一泓清水，不大不小刚好照见我的天光和云影，我的生活。"童年的"黑暗"并没有使蔡奶奶变得"黑暗"，而是让蔡奶奶发现了生活的另一种"光明"，于是她将"光明"画进作品里，给更多的人带来了希望。作为读者的我们在阅读中寻找这些"光明"，何尝不是一种成长。

宋濂求学

☆ 我要读

身出寒门，宋濂凭什么能成文臣之首？读完下边这段文字，也许你就有答案了。

宋濂（1310—1381），字景濂，号潜溪，别号玄真子、玄真道士、玄真遁叟。汉族，浦江（今浙江浦江县）人，元末明初文学家，曾被明太祖朱元璋誉为"开国文臣之首"，学者称太史公。宋濂与高启、刘基并称为"明初诗文三大家"。他因长孙宋慎牵连胡惟庸党案而被流放茂州，途中病死于夔州。他的代表作品有《送东阳马生序》《朱元璋奉天讨元北伐檄文》等。

明代读书风气盛行，在这样的环境熏陶下，宋濂从孩童时期就很喜欢读书，但无奈家中贫寒，家人温饱尚未解决，更没有能拿去买书的余钱，没有办法，他只能向家中有藏书的人家借书。借来的每本书都规定了归还的期限，这样如何能将知识学透呢？于是，宋濂往往在借到书后，回家很认真地把借来的书手抄一遍，抄完之后再把书给人家送回去，即使在寒冬中，宋濂所住屋子破旧到无法抵御寒冷，他的手指被冻得不可屈伸，依然坚持在规定期限内手抄完，将书送回去。由于宋濂的守时、爱书，人们都愿意将藏书借给他，他也因此读到了很多书籍。

在日复一日的苦读中，宋濂年岁渐长，书中所描写的贤师良友、谈坐论道的氛围让他不再满足于自己埋头苦读，决心要去看看外面的世界，叩问老师、广交益友。

在求学的过程中，宋濂会就自己不懂的地方与老师沟通交流，对于老师指出的缺点也很虚心地接受，吸收知识的效果比自己苦读领悟要好上不少，但他依然按捺住内心的喜悦，对知识表示谦卑，对老师依然尊重有礼，因为书上曾说“人外有人，山外有山”，人的一生，对知识的学习是没有尽头的。

后来，他又到更远的地方去求学，需要背着笨重的书箱，一步一步地行走过陡峭的山峰、幽深的山谷才能到达求学地点。春、夏、秋这三个季节，走上去已经不容易，到了冬天，山中寒风刺骨，大雪没膝，宋濂因为家贫，衣衫单薄而破旧，根本无法御寒，手脚都被冻裂。但是这些困难并没有阻挡他对学习的坚持，为了书中的黄金屋，宋濂仍然顶着风寒去学习。学舍里的同学大多都是富贵人家的儿女，穿着锦衣玉袍，但是宋濂和他们站在一起并没有羞愧的感觉，因为他从书中见到了许多物质穷困，却因为读书而精神富足的先贤们，于是宋濂写道“以中有足乐者，不知口体之奉不若人也”（因为心中有足以使自己高兴的事，并不觉得吃穿的享受不如其他人）。阅读给他带来了精神食粮，开阔了他的眼界，不再拘泥于物质上的享受，而是一心求学。而这样心无旁骛的追求，也是他日后在官场中立足的底气和远见，即使不能如同世家子弟一般对政事政局耳濡目染，书中的为官之道、利民之策依旧支撑着他一路成长，成为为国为民、胸怀天下的开国文臣。

来源：作者根据资料整理

☆ 我明白

宋濂的勤奋刻苦、虚心求教，对阅读心无旁骛的追求，开阔了他的眼界，拓宽了他的成才之路。世上无难事，只怕有心人，宋濂的求学之路虽然充满艰辛和困难，但他凭借自己的毅力和努力，最终取得了丰硕的学术成果，并为后世留下了宝贵的文化遗产。宋濂的求学经历不仅是他个人成长的重要历程，更是对后人的一种启示和激励。

（三）满足精神需求

当你遇见一本好书，你一定会忘我地阅读。这是一种极好的状态，往往在这种情况下，书中的知识会对你产生潜移默化的影响。知识的滋养、思想的启迪、情感的共鸣、心灵的慰藉、文化的传承、精神的寄托，书中包含的种种都能帮助人们更好地认识自己、理解世界和面对生活。

评论丨世界读书日：坚持用读书点亮人生

我要读

每年的世界读书日，全球 100 多个国家都会举办各种各样的庆祝和图书宣传活动，包括读书会、朗诵会、文学比赛、展览、作者见面会等。在中国，虽然世界读书日还没有广为人知，但近两年开始有出版社和书店举办一些公益活动来推广阅读。

2024年4月23日，我们即将迎来第29个世界读书日。在快节奏的生活下，完整地读一本书，似乎变得越来越难。而一年一度的世界读书日提醒着我们，无论多么繁忙，都不要忘记读书，因为“没有一艘船能像一本书一样，带我们遨游远方；没有一匹骏马能像一页诗行，如此欢跃飞扬”。

在我国的传统文化中，读书，不仅是立身之本，更是从政之基。新征程上，我们每一个人都应把读书当成一种生活态度、工作责任、精神追求，不断在“好读书”“读好书”中实现自我超越，始终坚持用读书点亮人生。

坚持读书可以修身养性

面对业余时间闲出来的“病”，有人可能会问：“闲”病可有良方？答曰：读书学习。如果用以往吃吃喝喝等社交生活支出的十分之一来买好书，用减少社交生活而节约的三分之一时间来读好书，就会给我们带来十分充实、自信与内心安宁的健康人生。与书为友，与伟大的灵魂交谈，不需要任何复杂的仪式，一桌一椅一灯，一直读到让人内心充实，会心一笑，醍醐灌顶，而又自然而然。

腹有诗书气自华，读到深处心始安。读《论语》等国学经典，自会吾日三省吾身、修己安人、不忧不惧；如琢如磨、中心藏之、如日之升。德不孤，必有邻。与孔子、孟子等古圣先贤为伍，人的修养境界自然会得到质的提升，工作与生活中也自然会给人以品德高尚之感。

坚持读书可以滋养家风

古人崇尚诗书传家，耕读传家。可见，坚持读书学习是滋养好家风、维系好家风、传承好家风的传统方式。为人父母，免不了对自己的孩子有恨铁不成钢之感，甚至责骂孩子不爱读书、学习成绩不好，等等。可是，我们却忽视身为父母，为孩子树立了什么样的榜样？我们躺在沙发上刷视频、玩游戏、看电视，孩子能专心读书学习吗？我们自己都长期手机不离手，孩子又怎么可能会不迷恋刷视频、玩游戏、看电视呢？

作家梁晓声说："最好的家风，一定是有读书传统的家风。"父母是孩子的第一任老师，言传身教是最好的家庭教育。在一个家庭中，金碧辉煌的装修比不上满屋子的好书，一身名牌衣服抵不过一身书香气。一家人都喜好读书学习，一家人就会少些流氓气、江湖气、粗俗气。业余时间，当我们带着家人，坐在公园、坐在河边，捧着一本好书，迎着拂面清风，自有一番快乐、一种幸福。

“不积跬步，无以至千里；不积小流，无以成江海。”读书是一个长期的需要付出辛劳的过程，不能心浮气躁、浅尝辄止，而应当先易后难、由浅入深，循序渐进、水滴石穿。日积月累，自然会长知识、长见识、长境界，不知不觉间，就会少一些浮躁浅薄，多一些沉静深刻；少一些高声大嗓，多一些心平气和。

当读书像呼吸一样自然，读着读着，我们就会觉得时间不够用、空闲太少了；读着读着，就会觉得不仅是书在陪伴我们，而是我们极其渴望读书。

来源：红网，2024 年 4 月 19 日，作者黄开团，有改动

☆ 我明白

世界读书日起源于西班牙加泰罗尼亚地区“圣乔治节”的传说，讲述了一位勇士乔治战胜恶龙并解救公主、公主回赠给乔治的礼物是一本书的故事，从此书成为胆识和力量的象征。一个传说的故事承载了人们对书的喜爱，你对书的喜爱

应该也是如此吧!

五首诗，五个来自《论语》的典故

☆ 我要读

《论语》对后世产生了巨大的影响，直至今日，我们也能从中学到很多道理。下边通过由《论语》引申的几个小典故，来回顾一下它的精彩吧。

《论语》一书，虽然篇幅不长，但它内容丰富，涉及政治、教育、伦理、哲学等多个领域。作为儒家经典之一，它是文化人长期以来必读的书籍。它所表现的人生态度、思想观念，在我国文化史、思想史上，留下了极为广泛深刻的影响。其中一些典故，更是跨越了时间和空间的限制，不断地出现在文人学子笔下，成为他们表达自己、抒发情感的载体。

一、富贵浮云

丹青引赠曹将军霸（节选）

唐·杜甫

学书初学卫夫人，但恨无过王右军。

丹青不知老将至，富贵于我如浮云。

【典故】富贵浮云

【出处】子曰："饭疏食饮水，曲肱而枕之，乐亦在其中矣。不义而富且贵，于我如浮云。"——《论语·述而》

【释义】"做不正义的事得到的富贵，对我来说就是浮云"，《论语》这一则表达了孔子对不义之财的态度。而富贵浮云，也就用来表示不看重富贵利禄。杜甫诗中引用此典故，就是表达画家曹霸一生沉浸在绘画艺术之中而不知老之将至，情操高尚，不慕荣利，把功名富贵看得如天上浮云一般淡薄。

二、箪瓢陋巷

西山寻辛谔

唐·孟浩然

漾舟寻水便，因访故人居。落日清川里，谁言独羡鱼。

石潭窥洞彻，沙岸历纡徐。竹屿见垂钓，茅斋闻读书。

款言忘景夕，清兴属凉初。回也一瓢饮，贤哉常晏如。

【典故】箪瓢陋巷

【出处】子曰："贤哉，回也！一箪食，一瓢饮，在陋巷，人不堪其忧，回也不改其乐。贤哉，回也！"——《论语·雍也》

【释义】《论语》这一则是在说颜回虽然箪食瓢饮在陋巷，而能不改其乐。箪是古代盛饭的竹器，瓢是盛水的器皿。箪食瓢饮，形容生活简朴，安贫乐道。孟浩然的这首诗意趣简淡，清旷脱俗，最后一联用此典故，更具恬淡闲适之意。

三、乘桴

济上四贤咏·崔录事

唐·王维

解印归田里，贤哉此丈夫。少年曾任侠，晚节更为儒。

遁迹东山下，因家沧海隅。已闻能狎鸟，余欲共乘桴。

【典故】乘桴

【出处】子曰："道不行，乘桴浮于海。从我者，其由与？"子路闻之喜。子曰："由也好勇过我，无所取材。"——《论语·公冶长》

【释义】孔子说自己的主张是不能实行的了，想要乘木筏去海外。孔子并非真的要乘桴浮于海，只是感慨其道之不行，后常用乘桴来表示避世、逃世。王维此诗，描写了归隐山林的闲适生活，并借乘桴来表示自己归隐避世之意。

四、夫子墙

和座主相公西亭秋日即事

唐·姚合

西亭秋望好，宁要更垂帘。夫子墙还峻，鄚侯宅过谦。

微风红叶下，新雨绿苔黏。窗外松初长，栏中药旋添。

海图装玉轴，书目记牙签。竹色晴连地，山光远入檐。

酒浓杯稍重，诗冷语多尖。属和才虽浅，题高免客嫌。

【典故】夫子墙

【出处】叔孙武叔语大夫于朝曰："子贡贤于仲尼。"

子服景伯以告子贡。

子贡曰："譬之宫墙，赐之墙也及肩，窥见室家之好。夫子之墙数仞，不得其门而入，不见宗庙之美，百官之富。得其门者或寡矣。夫子之云，不亦宜乎！"——《论语·子张》

【释义】叔孙武叔认为子贡比孔子还要贤，子贡知道了，就拿房屋的围墙作比喻，说自己的墙只有肩膀那么高，谁都可以探望到墙内房屋的美好。但是夫子的墙却有几丈高，如果找不到进入的大门，就看不到里面宗庙的壮美、百官之富盛。能够找到大门而进入的人很少，所以叔孙武叔这么说也就不奇怪了。夫子墙在这里指孔子学问道德修养之高之深，之后夫子墙就用来比喻人才德之高，并以赐墙及肩比喻才德浅陋。

五、趋庭

登兖州城楼

唐·杜甫

东郡趋庭日，南楼纵目初。

浮云连海岱，平野入青徐。

孤嶂秦碑在，荒城鲁殿馀。

从来多古意，临眺独踌躇。

【典故】趋庭

【出处】陈亢问于伯鱼曰："子亦有异闻乎？"

对曰："未也。尝独立，鲤趋而过庭。曰：'学《诗》乎？'对曰：'未也。''不学《诗》，无以言。'鲤退而学《诗》。他日，又独立，鲤趋而过庭，曰：'学《礼》乎？'对曰：'未也。''不学《礼》，无以立。'鲤退而学《礼》，闻斯二者。"

陈亢退而喜曰："问一得三：闻《诗》诗，闻《礼》，又闻君子之远其子也。"——《论语·季氏》

【释义】孔子独立于堂上，左右无人，伯鱼从堂下中庭趋而过之，两人之间问答。孔子教诲伯鱼"不学《诗》无以言”“不学《礼》无以立”。之后便以“趋庭”“过庭”或“鲤庭”表示晚辈接受长辈的教诲。杜甫在这首诗开头用“趋庭”来表示他去看望父亲。

来源：中央纪委监察部官方网站，2016年10月10日，有改动

☆ 我明白

来自《论语》的典故对指导我们的人生态度、道德修养和为人处世的原则都具有重要意义。《论语》就是这样的经典，它穿越了两千多年的历史烽烟，如今依旧是不可不读的经典，其深刻的思想内涵和道德智慧犹如江水取之不尽。

《读书》

☆ 我要读

为什么读书，从读书中得到了什么，读书时遇到了哪些困扰，获得了哪些乐趣。柳宗元将自己对书的热爱整理成一篇诗作，记录了自己读书的感受。那么，你从中得到了什么呢？

读书

唐·柳宗元

幽沉谢世事，俯默窥唐虞。

上下观古今，起伏千万途。

遇欣或自笑，感戚亦以吁。

缥帙各舒散，前后互相逾。

瘴疴扰灵府，日与往昔殊。

临文乍了了，彻卷兀若无。

竟夕谁与言，但与竹素俱。

倦极便倒卧，熟寐乃一苏。

欠伸展肢体，吟咏心自愉。

得意适其适，非愿为世儒。

道尽即闭口，萧散捐囚拘。

巧者为我拙，智者为我愚。

书史足自悦，安用勤与劬。

贵尔六尺躯，勿为名所驱。

译文：

幽居在这偏远地方丝毫不问世事，每天只低头把唐尧、虞舜钻研。从上下千年细察古今世事，其间历史长河波澜起伏，千变万化。遇到高兴的事便暗自窃笑，感到悲哀时只好无奈叹息。看的次数太多，裹书的帙套都已解散，书卷的前后紧紧相连。因瘴气所引起的疾病扰乱了心境，身体也是一天不如一天。打开书本刚读时觉得清清楚楚，丢开书本又像是一无所知。一天到晚可以和谁去说话？只能与书籍日夜相伴。疲倦了便倒头而睡，睡够了精神又渐渐恢复。伸伸懒腰舒展肢体，声调抑扬地吟诗读书心中自觉愉快。读书得意是因为与书中之意契合，并不是想成为世间的大儒。把书中的道理阐述清楚就闭口，心情闲散抛弃了拘囚的束缚。那些心机巧妙的人会认为我拙笨，那些聪明的人会认为我愚蠢。阅读史书足以使自己快乐，何必为追求名利而劳碌。要珍惜你那大丈夫六尺之躯，不要为名利所驱使！

来源：作者根据资料整理

☆ 我明白

《读书》是在柳宗元被贬永州时期创作的。这个时期的他博览群书，从书中了解古今变化，从古今变化思考现实的波澜起伏。这传神的书痴形象不仅是他对读书的态度，更是他面对困境时对理想人生的概括。希望阅读也能成为大家“治愈”自己精神世界的一剂“良药”。

周口一农民诗人勇于追梦：既种地打工，也有诗和远方

☆ 我要读

你是否有文学梦？你知道该如何实现吗？农民诗人陈纯新的故事或许能给你一些启发。

童真在冰雪中冬眠
等待春天
一旦春风召唤
我所有的伤疤
都将以莲花的洁白
绽放出世俗羞愧的美丽……

粗糙的双手，花白的头发，黝黑的皮肤，47 岁的周口太康人陈纯新，是个地地道道的农民，农忙时在家种地，农闲时外出打工。

仅从外表看，谁也不会把他和诗人联系在一起，但他的确是个农民诗人，有着细腻的内心世界和活跃的写作思维，至今已公开发表诗歌等文学作品数百篇。

作为农民，陈纯新保持着质朴的本色；作为诗人，他保持着别样的情怀。在农民和诗人之间，他保持着最纯真的

笑容。

30 多年来，很多文友通过作品读懂陈纯新，当得知他家境困难时，给予他无私的帮助。而陈纯新也利用自己掌握的理发、修手机技术，默默回报着社会。

在陈纯新身上，总能看到一股慷慨激昂的正能量，或者说赤子情怀。

励志：童年的贫苦经历，造就了他的创作阅历

暖阳下的太康县杨庙乡陈庄村，青壮劳力都已外出打工，陈纯新还没有走，因为年迈的父亲患了病，他要留下来照顾父亲。

他的家是个普通的乡村院落，几间平房是哥哥建的，目前哥哥外出在浙江义乌打工，他和父母居住在这里。

院子里的几棵柿子树已经发芽，陈纯新看在眼里非常高兴，他说准备写首诗赞美一下这些柿子树，“因为成熟的柿子是香甜的，像现在的生活一样美好”。

院中至今保留有一间老土屋，这是陈纯新专门留下的。屋顶有裂缝，阳光从缝隙中照进来，洒在他摆满书籍的木板床上，他说在这样的环境下创作才更容易找到灵感。

他看的书很杂，有文学、有科幻、有哲学，当别的人

家拿空房用来存储杂物时，他却用来打造一间属于自己的“书房”。

“痛苦的童年，作家的摇篮”，诗人多是苦难的，陈纯新也不例外。

他的家境曾经非常贫寒，甚至他的童年是在嘲笑和歧视中度过的。因为他自己体弱多病，患有严重的气管炎，且营养不良导致身材瘦小，加之父亲智力有些迟缓，所以他全家人的生活状态都很暗淡低迷。

让他记忆最深的一次痛苦经历，是在10岁那年。母亲外出捡破烂拿回两只鞋，虽然一左一右，但却不是一双。陈纯新“混搭”穿在脚上，小伙伴们故意嘲笑他“这鞋恁洋气，在哪买的……”

孤独和苦难的相伴，非但没有让陈纯新失去对生活的勇气，反而更加丰富了他的人生阅历。对于诗者而言，这反而是一笔巨大的财富。

追求：酷爱文学，30多年笔耕不辍写诗歌

当被苦难困扰后，陈纯新尝试与心灵对话、与村庄对话、与花草树木对话。在他看来，只有全身心进入这种无法被常人理解的冥想后，才会让自己的生活变得丰富多彩，才会排解内心深处的那一份孤寂。

他把这些“对话”写下来，便组成了诗歌的雏形，再加打磨，就形成了一行行厚重的文字。

从 14 岁那年，陈纯新就开始这种创作，尽管他只有初中学历，但是他对诗歌的喜爱和追求，达到了一种痴迷的程度。

少年时代辍学打工，陈纯新每每挣钱都要购买自己喜爱的文学报刊杂志。在 20 世纪八九十年代那个诗歌风靡的时候，他正式搭上了写诗的“班车”。

从此，只言片语的灵感时常从脑海里迸发出来，他记录在纸上，形成华丽的诗行。

他一直没有停下创作，至今笔耕不辍地坚持了 30 多年。

30 多年来，他一边种地打工，一边坚持写诗。他一有灵感就写，有时随手写在废弃的烟盒纸上，有时写在胳膊或肚皮上，等到腾出时间来，再记录到笔记本上。

他也惧怕世俗的目光。多少次在城市打工的夜晚，他趁着街道店铺的灯光，悄悄整理、延展白天记录下的灵感，并尽量不让别人看见，“怕别人不理解”。他在艰难中坚持创作，不管能否顺利发表，都未曾停下写诗的脚步。

泛黄的杂志和报刊从家中最珍贵的箱子中翻出，这是陈纯新留下的刊发作品的样刊、样报。

《辽宁青年》《文友》《文艺生活》《农村天地》等一本本风靡一时的杂志，留下了带有陈纯新印记的诗歌的身影。

经过粗略统计，他 30 多年发表过的诗歌、散文等各类文学作品，已有数百篇。

当然，这是顺利发表出来的作品数量，实际上，陈纯新 30 多年来写下的诗篇要比这多。

他回忆说，大概 2005 年前后，很多报刊杂志要求使用电子邮件投稿，也就是把手写稿变成电子版。

这困扰了陈纯新很长一段时间，因为不懂电脑，他写的作品无法投出去，就压在自己手中。

2013 年后，他有了智能手机，可以用微信给编辑投稿，才又重启了“投稿之门”。

欣慰：文友仰慕他的才华，给予无私帮助

“童真在冰雪中冬眠 / 等待春天 / 一旦春风召唤 / 我所有的伤疤 / 都将以莲花的洁白 / 绽放出世俗羞愧的美丽……”这是 2003 年陈纯新在《辽宁青年》发表的诗歌《冷冷的季节》。

在安徽省的一所大学，10 多名在校大学生给他写信，表达对陈纯新才华的仰慕，称赞这是最好的励志诗，“在艰苦环境里坚持纯洁不屈不挠，相信真理和主义”。

“我不知是怎样的一个你，竟然写出了这样深入灵魂的诗。谢谢你写了这首诗，我很崇拜你，我会在我的偶像里加入一个你。”这是《冷冷的季节》发表后，一位远在江苏昆山某工厂的高考失利女孩郁丹，写给陈纯新的信。

读者对陈纯新认可，让他感到非常欣慰，也收获了精神上的满足。

陈纯新从小患病、家境不好，这是很多认识他的人共知的事情。因此，有很多文学道路上的老师、文友，总是默默给予陈纯新许多照顾和帮助。

王庆杰，文化学者，主要从事现当代文学批评等。

早在 1997 年，陈纯新在郑州某工地打工去一家报社投稿时，就碰到了王庆杰先生，王庆杰看了陈纯新的诗歌后很是赞赏。“这些年来，王老师一直在帮助我，在郑州给我找活儿干，让我住在他家里，还管我吃饭。”陈纯新说。

“弟弟，读您的诗我麻木的心灵才会苏醒，我结茧的情感才会鲜活。”不久前，王庆杰发微信与陈纯新交流时，发出这般感慨。

张香，多年前曾在郑州经营打字复印店，现为河南省诗歌学会会员。

一次，陈纯新去复印样刊时，与张香偶然结识。当了解到陈纯新的情况后，张香不仅减免了复印费，还帮正在打零工、居无定所的陈纯新找到了一所住处。

此外，她还给陈纯新办了一张银行卡，隔三岔五往里打上三五百元的生活费。直到现在，张香还时不时通过微信给陈纯新转些资助费用。

“陈纯新的诗纯净自然，很有灵性。但用世俗的眼光看，他靠种地和打工为生，收入寥寥。但尽管这样，他还经常拿钱买书。30 多年来，无论在田间还是在工棚，陈纯新没有放弃过诗歌创作，所以我很钦佩他，他是一个纯粹的诗人，我愿尽微薄之力帮助他。”张香说。

还有太康县民政局干部赵永富，在得知陈纯新的“文学苦旅”经历后深受感动，经常拿自己工资帮助陈纯新。

2016 年，陈纯新的父亲患脑梗住院，赵永富一次性送去了 1 万元费用。今年春节，他还给陈纯新送去 3000 元钱和一些过节用的米面油。

回报：利用自己所长，回报社会关爱

大家的帮助和关爱，像一缕初春的阳光，融化了陈纯新原本寂寞孤冷的内心世界。

他在笔记本上写道："自从 1997 年结识王庆杰、张香、赵永富等好人以来，他们悲天悯人的博大情怀深深感动、教化、温暖了我，改变了我的心态。我开始感悟到诗歌是传播良善的载体，写诗的人更应该关心比自己更弱的人。"

于是，陈纯新在写诗之余思考着回报社会。

多年前，他跟随一位在郑州的老乡学会了手机维修技术，能基本对付老年手机的常见毛病。回到老家后，他就义务帮助十里八村的孤寡老人、残疾人修手机。

"一般老年手机构造简单，多是听筒或话筒出现毛病。换一个话筒只需 4 毛钱，换一个听筒也就 5 毛钱，我能承担得起，所以就免费给他们换。"陈纯新说。

同时，陈纯新还掌握了简单的理发技术，经常在下乡修手机之余，帮助老人们理发。"我只会推平头，老人们不要求发型，一般都是头发长了我帮他们推个平头，举手之劳的事情。"陈纯新说。

如今，和那个普通的村落一样，陈纯新依然过着平淡的生活，日出而作，日落而息。

只不过，在日复一日的岁月交替间，他多了一些感悟，这感悟像一股清泉，形成华丽的诗行，滋润着读懂他的世间万物。

来源：大河客户端，2018年4月2日，作者于扬、李玉坤，有改动

☆ 我明白

陈纯新的这份坚持与热爱，让他在文学世界里找到了属于自己的那一片天地，诗中展现了他对生活的热爱、承载了他真实的情感。陈纯新用自己的诗歌滋润着读懂他的世间万物，不知道你有没有让自己的文字滋润到其他人呢？相信自己能坚持下去，你也会找到属于自己的诗和远方。

4 阅读要讲方法

（一）做一个自我要求的读者

你肯定有过这样的感觉，如果自己对一本书根本没有兴趣，那么是读不下去的。或者这本书自己很感兴趣，但是里边有一些内容可读可不读。这个时候，相比坚持看下去，你更容易睡着。

因此，可以提出一个问题：到底是什么样的力量，让秉烛夜读的人时刻保持清醒？

在这之中有一点是可以确定的，就是他们真正是在阅读那本书，想要从中获得利益。为了保证这点，你要学会做一个自我要求的读者。

在阅读之前，一个自我要求的读者要给自己提出几个问题：

（1）这本书到底在谈什么？

（2）作者提出了什么想法、声明和论点？

（3）这本书有道理吗？是全部有道理，还是部分有道理？

（4）这本书和你有什么关系？

你可能不会在每本书中都得到对应的答案，但是这几个问题是提醒你主动阅读的“提神茶”。

（二）好记性不如烂笔头

如果你养成了每读一本书都提出问题的习惯，那么你已经是一个好的阅读者了。但仅仅提出问题是不够的，你还需要得到答案，才能真正让书中的知识为自己所得。寻得答案的过程一般是在大脑中完成的，但是如果现在有一支笔在你身边，那么这个答案会更加明确。

做笔记不仅可以帮助你保持清醒，还能够帮你把心中所想记录下来。这样一来，你就与这本书的作者达成了双向沟通，表达了你与作者之间相同或不同的观点，也表达了你对这本书的认同。

你可以自己设计一套符号来注明书中内容，如画底线注明重要的句子，画星号注明重要的论点，记编号注明作者的一连串论据等。这样能够将书中零散的内容集中起来，方便你整理、理解一本书想要表达的内涵。

（三）如何变成一个更好的阅读者？

1. 按需要去读书

阅读越主动，认识越深刻。也正是因此，读书才能帮助你完成知识技能的积累，促进你心智的成长。

所以我们不能什么书都读，要读符合你能力要求，但超出你能力范围的书，只有这样的书才能帮助你的思想增长。如果现在让一个小孩子去读牛顿的《自然哲学的数学原理》，那他肯定是读不懂的。

2. 为收获去读书

在如今这个信息发达、交流便捷的时代，有很多书只能当作娱乐消遣和接受信息用。对于这种书，你不用做过多的准备，只需要享受那段时光就可以了。

而有些书能让你有所收获，那这本书对你来说绝对是一本好书。

让一个小孩子理解《自然哲学的数学原理》是很难的，但是让一个经过10多年系统学习的大学生来读，那么他就能读懂其中的一些内容。如此推断，如果是一位数学家，或一位物理学家来读这本书，那么他必然可以理解更多的内容。这是因为，人的心智会成长，你的头脑充实了，理解力进步了，你也渐渐达到了你想要到达的能力水平，得到了应有的收获。

3. 坚持不断地成长

人类的心智很神奇。一个人的身体到了一定的时间就会停止发展，甚至衰退，如牙齿一般会在 17 岁前后停止生长，心脏从 40 岁左右就开始衰老，50 岁之后，人体的老化速度会加快，产生明显的衰老变化。但是人的心智却能一直成长与发展下去。

因此，终身学习是我们最应该坚持的理念，活到老学到老。

终身学习能使我们克服工作中的困难，解决工作中的新问题；能满足我们生存和发展的需要；能使我们得到更大的发展空间，更好地实现自身价值；能充实我们的精神生活，不断提高生活品质。

5 星空下的思考

自古以来，浩瀚的宇宙便以一种无声却强大的方式传递着各种信息，如日食、流星雨、星座、北极星、黑洞等，这些表象让人们得以对其有更深入的认识和理解。阅读看似截然不同，但它恰恰承载着人类对知识的无限追求。星空吸引我们探索宇宙的未知，而书籍则引领我们探索知识的未知。

康德曾说过：“有两种东西，我对他们的思考越是深沉和持久，它们就越使我内心充满常新而日增的惊奇和敬畏：这就是我头上的星空和心中的道德律。”

黑格尔说过：“一个民族需要一群仰望星空的人，一个只关心眼下和脚下的民族是没有未来的。”

当我仰望星空的时候，我才能享受真正的自由，身心逍遥。不受桎梏，没有物我界限。

宇宙浩瀚无边，比太阳还大的恒星多于地球上的沙粒。但各个星系，各个星球，却如此均衡雅致，井然有序。

聚焦人类，太阳系之小，地球之小，人类之小，却战争不断，人祸不断。

仰望星空，让我们从自然景物的特征体验属于人的道德含义。

难怪有那么多的人，向星空抒情表白。独与天地精神往来……

仰望星空，让我们反思，顺乎自然是一切幸福的源泉。仰望星空，让人类在磨难中觉醒。

什么人仰望星空？

他们是仁者，具有心存大爱责任齐天的胸怀；他们是智者，具有凌驾于世事杂陈，追求和谐永恒的视野；他们是能者，具有“我将无我，不负人民”的精神。

是他们通古今之变，晓中外之理，究当今之法；是他们“为天地立心，为生命立命，为往圣继绝学，为万世开太平”。

正如“子在川上曰，逝者如斯夫”，让我们一起仰望星空吧！

书目推荐

一、教育与成长

《伊顿公学》——介绍了英国著名公学的历史、文化和教育理念。

《哈佛家训》——哈佛大学多年教育理念和家训的集合，强调品格和学术的并重。

《向比尔·盖茨学成功智慧》——分析了比尔·盖茨的成功因素，为年轻人提供成长启示。

二、心理学与人生哲学

《改变一生的60个心理学效应》——介绍了影响人生的心理学效应，帮助读者理解人类行为背后的原因。

《心灵吸引力法则》——探讨了心灵与宇宙间的联系，鼓励读者通过积极思维改变生活。

《心态决定命运》——结合中国文化和现实，强调了心态在人生成功中的重要性。

三、职场与领导力

《请给我结果》——强调了结果导向的职场文化，提供了实现目标的具体方法。

《职业化团队》——介绍了如何打造高效、协作的职业化团队。

《经营你自己》——结合中国职场文化，提出了个人职业规划和发展的建议。

四、管理与策略

《国富论》——亚当·斯密的经济学巨著，为现代经济学和管理学提供了理论基础。

《世界秩序》——亨利·基辛格的作品，探讨了国际政治和经济秩序的演变。

《中国大趋势》——分析了中国改革开放以来的发展趋势和未来展望。

五、自我提升与人生规划

《断舍离》——山下英子的作品，提倡通过减少物质的追求和拥有来丰富精神生活。

《拆掉思维里的墙》——古典的作品，鼓励读者打破思维局限，追求更广阔的人生。

《把信送给加西亚》——强调了执行力在人生和职场中的重要性。

六、文化与文学

《牛津品格》——介绍了牛津大学的历史和文化，强调了品格的重要性。

《羊皮卷》——古代智慧文献的集合，包含了各种关于人生、智慧和道德的教导。

《文心雕龙》——刘勰的文学理论巨著，深入探讨了文学创作的原理和技巧。

七、科学与技术

《规模》——杰弗里·韦斯特的作品，探讨了生物、城市、公司等复杂系统的规模法则。

《基因》——西德尼·布伦纳和弗朗西斯·克里克的作品，介绍了基因科学的基本原理和应用。

《洞见：我们这个时代的思想判断》——分析了当代科技和社会发展的思想基础。

八、励志与心灵成长

《乐在工作》——描述了如何在工作中找到乐趣和满足感的实用建议。

《我相信中国的未来》——强调了个人和国家的积极信念对未来的影响。

《思利及人的力量》——探讨了如何通过积极思考和行动来影响和改善自己的生活。